把科技馆带回家

丛书主编／徐延豪　　丛书副主编／杨文志　束为　殷皓苏青

华夏之光

中国古代航海

戴天心◎安　娜◎常　铖　编著

科学普及出版社
·北京·

图书在版编目（CIP）数据

中国古代航海 / 戴天心，安娜，常铖编著. — 北京：
科学普及出版社，2021.4（2024.8重印）
（把科技馆带回家. 华夏之光）
ISBN 978-7-110-10156-8

Ⅰ. ①中… Ⅱ. ①戴… ②安… ③常… Ⅲ. ①航海—
交通运输史—中国—古代—青少年读物 Ⅳ. ①F552.9-49

中国版本图书馆CIP数据核字（2020）第177632号

策划编辑	郑洪炜	牛 奕
责任编辑	郑洪炜	
封面设计	佳木水轩	
正文设计	金彩恒通	
责任校对	吕传新	
责任印制	马宇晨	

出 版	科学普及出版社
发 行	中国科学技术出版社有限公司
地 址	北京市海淀区中关村南大街 16 号
邮 编	100081
发行电话	010-62173865
传 真	010-62173081
网 址	http://www.cspbooks.com.cn

开 本	787mm×1092mm 1/16
字 数	80 千字
印 张	6.75
版 次	2021 年 4 月第 1 版
印 次	2024 年 8 月第 2 次印刷
印 刷	唐山富达印务有限公司
书 号	ISBN 978-7-110-10156-8/F·271
定 价	58.00 元

编委会

主编的话

　　亲爱的读者朋友，现代科技馆为您营造了体验科学、启迪创新的绝美情境，在这里，您不仅可以学习科学原理和科学结论，还可以了解科学研究的方法和科学推演的过程；您不仅可以领略科技给日常生活带来的舒适和便利，还可以展望科技对未来社会产生的影响和愿景；您不仅可以体会科学的严谨和艰辛，还可以欣赏科学的美妙和浪漫……当您参观完中国科学技术馆等科技场馆，想必依然意犹未尽，渴望把参观的内容沉淀下来，带回家好好咀嚼、反复回味。

　　《把科技馆带回家》就是为了满足您的这个愿望而专门编辑出版的一套大型科普丛书。这套丛书以中国科学技术馆等大型科技场馆中的经典展项和品牌展教活动为切入点，充分发挥科普图书载体的呈现优势，立足场馆，超越场馆，既充分展示并深度开发了科技场馆中的优质科普资源，又对科技场馆中已有科普资源予以了积极拓展和有效延伸，可谓带回家的一个书本科技馆。

　　根据《全民科学素质行动计划纲要》要求，我国城区常住人口100万以上的大城市至少应拥有1座科技类博物馆。未来，科技场馆凭借其对科普资源独特的整合、呈现优势，必将在提高全民科学素质工作中发挥更加重要的作用，《把科技馆带回家》丛书由此也将为全民科学素质提升作出更加积极的贡献。

　　亲爱的读者朋友，我们希望通过编辑出版《把科技馆带回家》丛书，把科技场馆中精彩纷呈的科普内容不断呈现给您，和您一道开启体验科学、启迪创新的探索之旅，共同分享科学与人文结合给我们心智成长带来的精神滋养。我们更希望通过这套丛书的出版，听取您对繁荣中国原创科普图书出版的更多中肯意见，共同把《把科技馆带回家》打造成为广大读者喜爱的精品科普图书。

中国科学技术协会书记处书记　徐延豪

2020 年 8 月

目　录

船只因何能航行

先进的中国古代航海导航技术

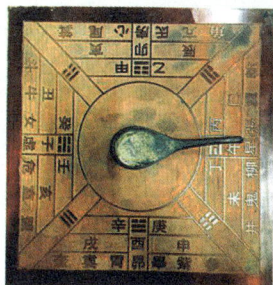

中国古代重大海事活动

中国古代主要船型

戴天心 安 娜 常 铖／文

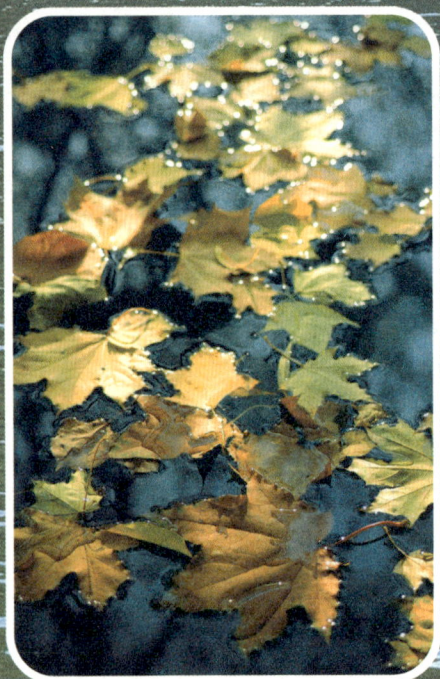

水面上漂浮的落叶

让我们想象一下这个场景：远古时代的某一天，在一条清澈的小河边，一群人好奇地观察水面上漂浮的落叶和小树枝。有人伸出手轻轻地碰了一下落叶，发现它没有沉到水底，仍然浮在水面上。有人向水里扔了一块石头，石头溅起了水花，很快就沉到了河底。这个现象引起了他们强烈的兴趣。除了落叶和树枝，还有其他的物体能浮在水面上吗？如果想要浮在水面上并保持一段时间，需要满足哪些条件呢？没过多久，人们又发现，水面上漂浮着几根原木。通过观察，他们认识到，自然界有一些物体可以浮在水面上，并且能承载一定的重量。受到这个现象的启发，古时的人类经过大胆思考和不懈努力，决定利用这个特性来进行水上活动。

在发明船以前，人类有可能利用原始的浮水工具，比如倒伏的树干、掉落的树枝、竹竿、芦苇等，它们统称为"浮具"。浮具是舟船的最早起源。后来，人们在原始浮具的基础上制成了筏。筏有很多种，例如江南的木筏、漓江的竹筏、鄂伦春族的桦树皮筏和藏族的牦牛皮筏等。直到今天，筏仍是很多地区重要的水上交通工具。人类学会了制作石器和使用火，使得制造原始的独木舟成为可能。独木舟的创造是人类的伟大创举，促进了人类文明的巨大进步。随着技术的发展，人类又造出了各种各样的船，结束了人类只能在陆地上活动的历史，使人类的活动空间得以扩大。

　　我们知道，历史上，改朝换代一般都伴随着战争，或是由战争引起皇权更迭。一些战争也在一定程度上促进了社会发展。随着中国古代造船业的进步，海洋也在群雄逐鹿中渐渐成为兵家必争之地，而船舶就是不可或缺的"武器"之一。接下来，我们将重点介绍中国古代的三种重要船型，它们分别是广船、沙船和福船。

竹筏

强劲的斗士——广船

越秀山的南越王墓

　　广州北边有一座越秀山，风景秀丽，其中的一个小山坡因为形状像一只卧倒的象，又叫作"象岗山"。1983 年，人们在这里发现了第二代南越

越秀公园风光

王的陵墓，墓中有丰富的随葬品，其中9件"羽人船纹铜提桶"吸引了考古学家的目光。桶上刻绘着两端高翘的船只，每条船上都刻有5个人，他们或划桨，或击鼓，姿态各异。这是迄今为止中国考古史上发现的规模最大、最完备的早期海船图形。

守卫广东的优质战船

广船

起初，广船泛指广东地区的民用船，明代时特指抗击倭寇使用的战船。

广船的产生和发展得益于它独特的地理优势。第一，广州三面临海，连通太平洋和印度洋，是中国通向南海沿岸地区的大门。从广州出发，最远可以到达欧洲和非洲某些地区，这种地理条件对广州造船业的发展很有利。第二，广州及周边地区盛产优质树木，为造船提供了上好的材料。第三，广州地区人民的日常生活也离不开船舶，特别是明代，倭寇频繁侵扰，为抵御外敌，需要性质优良的战船。于是，广船诞生了。广船通常在广东省的广州、琼州、惠州和潮州等地制造，船身主料一般是铁力木、樟木等结实坚固的木料。

斗外敌，抗倭寇

广船的特点是船头尖、船体长、吃水深，船上安装有坚实的龙骨，具有较强的抗风浪能力，适合负重远航。广船的帆多，桅杆少，如果有需要，就在大帆或者头帆的顶部、底部和两侧再增加若干个帆。与其他类型的

帆不同的是，广船的船帆展开以后，形状酷似张开的折扇。广船上的舵采取了有许多孔的设计，称为"开孔舵"。这种舵在操纵时可以省力，也不影响效果。广船是抗击倭寇斗争中的主力战舰，船的坚固程度与其他船型相比有明显提升，并配有火炮，非常适合作战，在与倭寇作战时发挥了不可替代的作用，是众多种类的海船中强劲的斗士。澳门海事博物馆的展厅里有广船模型展出。学术界一般将广船、沙船和福船并称为中国古代三大船型。

展品链接——水中沉浮

中国科学技术馆的"中国古代机械展"有广船的复制品。观众可以近距离观察广船的结构，与福船、沙船进行对比，或观看多媒体视频资料。此外，中国科学技术馆"探索与发现"

水中沉浮（中国科学技术馆馆内展品）

展厅有一件展品，叫作"水中沉浮"，向观众展示了物体（鱼模型）在水中下沉或上浮的情景，观众可以操作打气筒或抽气筒来控制鱼模型中的空气含量，观察鱼的沉浮情况，来认识浮力对物体的影响。

"力的神奇作用"之物体沉浮

　　《三国志·魏书》中记载的"曹冲称象"的故事，虽然未必真实，却反映出当时的人们已经认识到，船（物体）在水里所受的浮力的大小，只跟船（物体）排开的水的多少有关。

　　人类发明竹排、木筏、独木舟等原始的船时，已经认识到了浮力的存在。根据阿基米德原理，浸在液体里的物体受到的浮力等于物体排开的液体所受的重力。浸在液体里的物体除了受到浮力作用，还受到重力作用。浮力竖直向上，重力竖直向下，物体的沉浮就取决于这两个力的大小。浮力大于重力，物体上浮；浮力小于重力，物体下沉；浮力等于重力，物体可以悬浮在液体里。除了对浮力的认识，古人对水的阻力也有一定的认识。为了减少船在航行中受到的水的阻力，古人在造船时特意将船体造成两头狭窄的瘦长形状。

曹冲称象　　　　　　　　　　　　　戴天心／文

8

浅海的卫士——沙船

沙船是运送沙子的船吗

上一节介绍了发源于广东地区的广船，这一节我们来看看沙船。

什么是沙船呢，是运送沙子的船吗？

其实不是的。有一种说法是，沙船诞生于长江口及崇明一带，因为崇明岛是长江里的泥沙淤积在长江入海口而形成的，古时称为"崇明沙"，所以，在这个地区建造的船被称为"沙船"，也就是"崇明沙船"的简称。它的前身可以追溯到殷周时期的平底船，到唐代定型。另外一种说法则认为，沙船是我国古代南方江海运输的多种船型"杂交"演变而来的。

沙船

逆风行驶的沙船

沙船是一种多桅、多帆的船，船形是方头、方艄，区别于其他种类海船的显著特征就是平底。这样的形状导致它的吃水比较浅。由于吃水浅，为了阻挡船在水面上横向漂移，必须使用一种叫作"披水板"的工具，放在下风一侧，以保证船的稳定性。

沙船行船的动力来自自然风力。帆船诞生之初，船上只有一根桅杆和一面帆，后来逐渐发展为多根桅杆、多面帆。沙船航行时，船员先判断风向，顺着风来的方向扬起帆，使风力的方向与船行的方向一致。主帆在船的重心上，这样能保证船的稳定。而帆的大小、位置也有讲究。沙船船头有一面帆，它的面积比较小，船的两舷侧面也有帆，并且互相呈一定角度，在条件合适的时候，这样的布局能大大加快行船速度。我们平时常用的成语"一路顺风""一帆风顺"和"扬帆过海"就是古人从船帆技术的应用中得到灵感而创造的。使用风帆可以令船速加快，那么，用什么方法来减慢船速呢？如果要降低船速，可以将船帆卷起来，减小帆的受力面积，必要时可以将帆完全降下来。所以，古人就是通过改变船和帆受到的风力大小来改变航速的。

桅杆

沙船最主要的特点是能逆风行驶，走"之"字形路线。缺点是逆风行驶容易偏离航向，为了避免发生这种情况，需要在船的中部两侧各安装一块木板，起到"腰舵"的作用，保证船沿着正确的方向行驶。古时候，沙船的航行范围主要是长江中下游、长江口以北的黄海、渤海海域，使用范围很广。

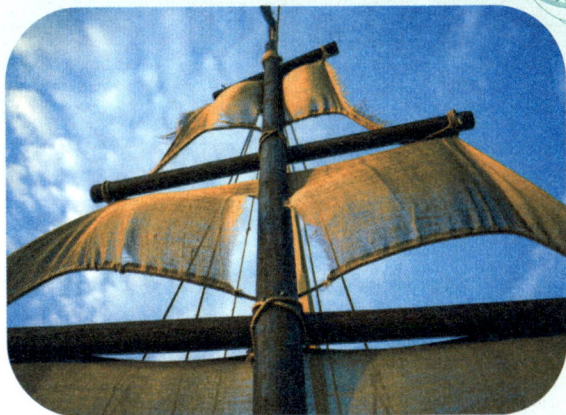

桅杆上的风帆

适合浅海航行的平船底

《武备志》这本书对沙船进行了详细的描述，大意是说，生活在内陆的士兵不习惯在水上作战，而生活在水边的士兵却擅长水战，这是因为水边的士兵在海滨地区成长，熟知水性，在海上出入来回，就像在平地上行走。在今天的南京、太仓、崇明和嘉定等地都有沙船。沙船的船底是平的，不能破深水的大浪，所以更适合在浅海航行。

由于沙船更多地在近海地区航行，可谓是浅海的卫士。

11

荣登上海市市徽

　　除了近海作战，沙船在元代以后的漕运中也发挥了重要作用。沙船的发展还带动了其他行业的繁荣。历史上，由于沙船业兴旺发达，上海地区逐渐成为全国航运中心之一，为了凸显沙船的历史意义和重要性，上海市政府在设计市徽时，将沙船图案作为元素之一融入其中。

1990 年上海市市徽

展品链接——沙船

　　中国科学技术馆的"中国古代机械展"有沙船的复制品。观众可以近距离观察沙船的结构或观看多媒体视频资料，加深对沙船的认识。

戴天心／文

远洋的勇士——福船

戚继光抗倭

在上文中，我们认识了强劲的斗士——广船和浅海的卫士——沙船，接下来要向大家介绍的是久负盛名的福船。它在戚继光抗倭、郑和下西洋等重大历史事件中都扮演了至关重要的角色，并将中国古代高超的造船技术体现得淋漓尽致，说福船是远洋的勇士，可谓名副其实。

自古以来，海盗一直是沿海地区、海上贸易和海上安全的极大威胁，据不完全统计，全球每年因海盗活动至少损失250亿美元。现在，让我们回到明代，了解一下抗倭名将戚继光和他抗击倭寇的事迹。

倭寇是对14—

福船

16 世纪侵扰中国沿海地区的日本海盗的称呼。到了明世宗时期，常在东南沿海一带活动的倭寇更是与当地一些贪官、恶霸等勾结，在浙江、福建、广东沿海等地肆意烧杀抢掠，无恶不作，对这几个地区的安宁与稳定造成了严重破坏。

1555 年秋天，早就以抗倭出名的将领戚继光调职到江浙，负责镇守宁波、绍兴、台州，控制倭寇经常出没的军事要地。刚到浙江不久，就

海边戚继光雕像

有倭寇来侵犯，戚继光带领将士们在龙山与倭寇进行了三次激烈战斗，都取得了胜利。在战斗过程中，戚继光也发现了军队中存在的问题，于是他整肃军纪，训练出了一支艰苦奋斗、纪律严明的军队。戚继光带领这支队伍辗转在福建等地的抗倭战场，取得了辉煌的胜利，后来，这支军队被人们称为"戚家军"。

戚继光雕像

戚家军壁雕

戚继光带领"戚家军"与东南沿海的倭寇进行了数百次海战,胜多败少。那么,除了训练有素的军队、灵活的战术、高效的指挥等因素外,还有哪些条件保证了抗倭的胜利呢?这里不得不说我国古人发明的一种船型——福船。这种船体形庞大,排水量大,在深水中航行速度较快,是性能优良的船型。作为战船使用时,又分为哨船、冬船、鸟船和快船等。高大如楼的福船,在战役中几次将倭寇的船撞翻,在抗倭过程中立下赫赫战功。

适应不同用途的福船

福船,是我国帆船航海时期的三大船型之一。福船有广义与狭义之分:广义上的福船泛指由福建籍船匠建造的,或者使用福建造船工艺打造的一种商贸用帆船,特点是船底尖,船面开阔,船的首尾高昂,船舱为水密隔舱,适合远途航行。一般称为福建船。狭义上的福船,指在明

代"嘉靖之乱"发生以后，在福建船的优良船型基础上改造成的、能适应不同用途的船型，因为这种船一般都在福州建造，所以被命名为"福船"。我们现在所说的"福船"大多数指广义上的福船。

福船（中国科学技术馆馆内展品）

给人民带来福音的船

福建省境内有很多高山，所以陆上交通发展缓慢。但因为它紧邻台湾海峡，省内又有众多河流，所以水运，尤其是海上运输就逐渐成为福建交通运输的重要途径，这种特殊的地理环境也促进了福船船型的不断发展。福建造船业具有悠久的历史。最早居住在福建的闽越族在春秋战国时期，就有了制造"舟"的意识和方法。专家学者认为，魏晋以后出现在福建沿海的"了鸟船"源自卢循的"八槽舰"，就是后来化身百变的福船的原型。唐代初期，我国的造船业已经初具规模，而且在世界上最先使用了横舱壁、水密隔舱和披水板等技术，已经能建造600吨的远洋船舶。唐代以来，福船船型除了向大型化发展外，还向宽阔型发展，船只长宽比例小。在唐宋元三代的约750年间，造船业发展很快，造船能力也相当可观。随着造船技术的发展，性能优良的船型不断出现，尖底的福船在宋元时期已经定型，在海上交通中发挥着重要作用。

福船被招募、改造或建造为出使用的官船，都是因为其能够提供相当高的安全保障。到明嘉靖中期，即 16 世纪中叶以后，沿海被倭寇袭扰，百姓处于水深火热之中。为了剿灭倭寇，打赢海战，明代的军事家将福船改造成各式战船，以适应各种复杂的海洋环境。明代抗倭战争的胜利与福船的卓越表现有很大的关系。因为福建建造的这些战船能给沿海人民带来福音，故有了"福船"的美名。清代的水师战船虽然改名为"赶缯船"等名字，但也属于福船船型，是按福船中较小的鸟船改制而成的。福船能够被大量建造和广泛应用，还因为它取材方便。在我国长江以南地区，尤其是建造福船最多的闽浙沿海一带，当地的松木、杉木和樟木等主要船木较多，建造和维修都很方便，福船因此得以大行其道。

各项"高科技"的结合

明代福船构造

福船是福建、浙江一带沿海地区制造的尖底海船的通称。福船的特点是尖头、尖底、方尾，船首两侧有一对"船眼"，底部有龙骨，有利于保证船的纵向强度。福船用材精良，龙骨用松木，船壳用杉木，船底用樟木，这些都是既坚固又耐浸泡的上好材料。福船有优良的性能，吃水深、稳定性好、操控性好，能装载大量货物，因此适合远洋深海航行。

福船的制造工艺独特，舱缝材料包括麻丝、竹茹、桐油和砺壳灰等。福船船体高大，分为若干层，最底层用 500 多吨沙石压舱，能在很大程

福船（中国科学技术馆馆内展品）

度上保证船不倾侧。倒数第二、第三层主要存放食品和淡水。甲板下面的那层用来存放物资，士兵和下级官员也在这里居住。甲板层安装了火炮等武器。

福船的结构上还有一项"高科技"——水密隔舱。水密隔舱技术，就是用隔舱板把船舱分成彼此不相通的若干个舱区，在远洋航行中即使遇到风浪，有一两个舱区破损进水，也不会影响其他舱区，这样就提高了船只的抗沉性能。分开的船舱还有利于存放货物，便于保管。这种结构还增加了船舶整体的横向强度，提高了船的安全性。

"水国无边际，舟行共使风。"中国的船帆历经千余年的发展，逐渐

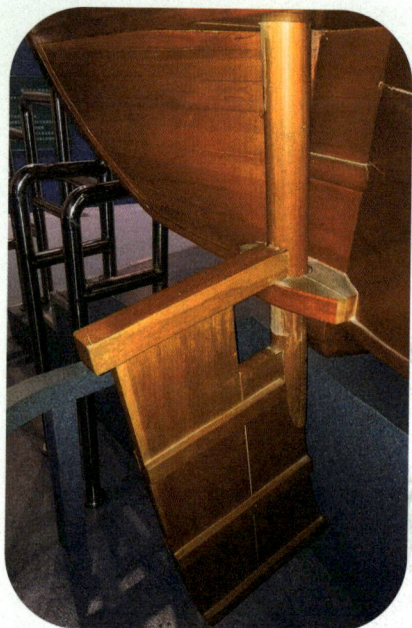

福船的尾舵（中国科学技术馆馆内展品）

形成了自己的特色。福船采用的是平衡纵帆。制作帆篷的材料是麻布或者竹篾，中国许多地区都产竹，就地取材，经济实惠。用撑条来固定帆面，也提高了对海风的利用率。船上的人员可以根据海风和天气情况来决定帆的升降。

"大海航行靠舵手"，舵手的本领要靠舵来实现。福船的尾舵是升降式的，能根据航行的需要来调整舵叶在水面下的深度，船在深水区航行时，如果遇到大浪，将舵叶降到船底线以下就能够使舵不受影响，在浅水区航行或停泊时可以把舵提升到高一点的位置，这样，舵就不会受到损伤。

海上航行离不开富有技术含量的导航工具，福船还配备了航海图、牵星板和指南针等导航工具，为顺利航行提供了可靠的技术保障。

五大特征造就独特福船

福船的主要构建方法为船壳法，就是先定龙骨，然后再安装肋骨及框架结构，最后贴钉船底板。从船外部看，船头为小方形，船尾上部宽阔，下部越来越窄。具体来看，它的主要特征有以下几点。

第一，福船主体构造是两段龙骨，即主龙骨、尾龙骨，以及首柱。

凤凰
（风向标）

首帆

尾帆

猴头（滑轮）

龙牙

狗托　桅猪　鹿耳　牛栏

兔耳

舵

船体

鼠洞　水仙门　水蛇

龙目

龙骨

福船结构示意图

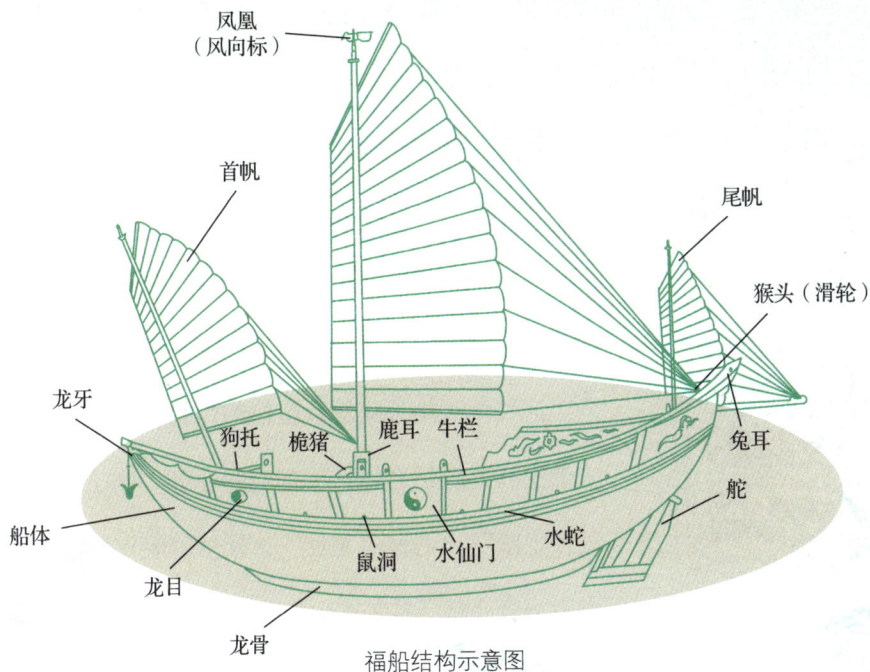

第二，福船有多层外壳板，每一层的边缝都混合采用了平接与搭接的方式，特殊的接缝技术使福船整体密封性良好。

第三，舱壁构造为水密隔舱，即用隔舱板把船舱分隔成许多互不相通的舱室，使各舱严密，保证船只的抗沉性。此外，水密隔舱的隔舱板还可以起到增强船体结构的作用。在隔舱板周边与壳板交界处，安装了用樟木制成的肋骨，并且船中心以前的肋骨都装在隔舱之后，船中心以后的肋骨都装在隔舱之前，这有助于固定隔舱板和增强全船的整体刚性。

第四，在所有边接缝和端接缝都用麻丝、桐油灰捻料，并钉有方、圆、扁等形制多样的铁钉。桐油与石灰适当调和，能使桐油加快聚合并逐渐硬化成为强度较高的坚硬固体，有很好的隔水性能。同时，对铁钉使用桐油灰捻料进行遮盖密封，可以防腐蚀，这保证了船舶的水密性，增强了船的稳定性和强度，使中国古代木船能远涉重洋，安全航行。

第五，造船时遵循"七星伴月"的传统习俗。在龙骨接合处挖一排"保寿孔"，排列形状为上部七个小圆孔，形状像北斗七星，下部一个大圆孔，形状像满月，象征"七星伴月"。或说前者象征七星洋，后者象征大明镜，寓意是明镜照亮七星洋的暗礁险滩，使船航行安全。这种做法是福建历代造船的传统，至今闽南一带民间造船仍有沿用。福船的船舷外侧还有两只"眼睛"，俗称"龙目"，预示着船在茫茫大海中不会迷路，这是福船的独特标记。

中外古船对比

安 娜／文

中国古代其他海上战士

主力战舰明轮船

轮船对大家来说一定再熟悉不过了，但是你知道最早的轮船是谁发明的吗？其实，最早的轮船还是咱们中国古人发明的呢！轮船，顾名思义，就是带轮子的船，只是这种船在古代被称为"车船"。早在南北朝时期，伟大的科学家祖冲之就曾经发明过"千里船"，这种千里船能够日行百里，据考证，它很可能就是"车船"的原型。

这种车船在水中航行时，能利用轮桨驱动，不需要依赖风帆，并且轮桨比普通划桨效率高出很多，这样，船就能够逆流、逆风而行。轮桨安置在船的两侧，非常像今天的车轮，因而得名"车船"，由于它的轮桨有一半露在水面上，能够明显地看到，因而又称为"明轮船"。

明轮船

23

　　明轮船可以说是不折不扣的海上斗士，历史上，明轮船都是作为主力战舰驰骋于海上战场的。在1300多年前的唐代，李希烈起兵谋反，他封锁了所有的陆上交通，依仗地形地势防御官军。当时被朝廷派去平反的李皋将军发现叛军虽然封锁了交通要道，却可以走水路深入敌后，但是叛军位于长江上游，走水路又只能逆流而上，当时的普通船只靠桨来划船太慢了。聪明的李皋将军突然想到，如果把船桨装在车轮上，用脚踏轴不就能加快船速逆流而上吗？于是，李皋将军命令木工迅速改造现有船只，在船的两侧装上了轮桨。李将军的军队乘着改造的"车船"逆流而上，迅速攻入敌人内部，惊慌失措的叛军毫无招架之力，很快战败。到了南宋时期，明轮船得到了极大的发展，当时的农民起义军首领杨幺制造了大量明轮船，其轮桨的数目不一，有4轮、6轮、8轮、20轮、24轮甚至32轮，最长的明轮船有30丈（南宋1丈约等于3米），能载千人。

　　我国的明轮船出现得比西方要早800多年，欧洲直到15—16世纪才出现明轮船。明轮船在问世后的1000多年中，发挥了巨大作用，直到20世纪初，我国南方地区还有少量的明轮船仍在使用中。蒸汽机发明后，英国人薛明顿将其与明轮船结合起来，造出了世界上第一艘机动轮船，航速可达6.4千米/时。1803年，美国人富尔顿设计并制作了第一艘用于运送货物和乘客的蒸汽轮船"克莱蒙特号"。自此，轮船便成为人们运输的好帮手了。

蒸汽轮船

攻防一体的斗舰

　　通过名字就知道，斗舰是海上作战的斗士，有着较强的攻击能力。它出现于汉代，是当时的一种新型战舰。著名的"赤壁之战"中就利用了斗舰，据记载，曹操当时为了稳定船只，将所有船首尾连为一体组成船阵，周瑜利用曹军船阵的机动性差这一弱点，先是用苦肉计让黄盖去诈降，随后黄盖乘斗舰快速冲向曹军，点燃曹军的船阵，致使曹军死伤过半。

斗舰

据古书记载,斗舰是一种机动能力很强的快速战舰,它分为上下两层,船体用木板加固以防护敌人的箭矢,在甲板上还有高耸如山的箭楼,士兵在箭楼内借助于女墙的掩护来射击敌军。中国古代的斗舰创造性地使用了木质装甲,在甲板上安置了箭楼,大大提高了船只的战斗和防御能力,这种注重攻防的设计在如今的战舰上也得到了传承,只不过木质装甲改成了厚重的钢甲,能够抵御火炮的攻击,航空母舰携带的战斗机能够在更高更远的地方向敌人发起进攻,并且打击也更精准。

赤壁之战场景

常 铖／文

船只因何能航行

戴天心 安 娜／文

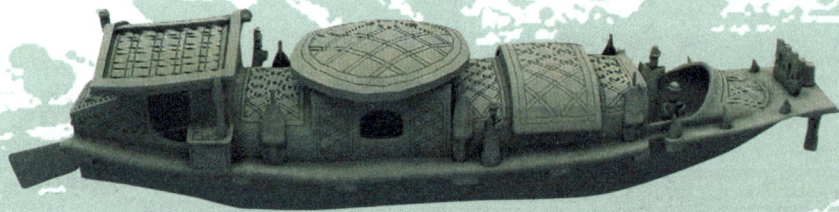

推进船只前行的工具

　　船舶作为重要交通工具，在人类历史上发挥了不可替代的作用。一个国家的造船业水平，在很大程度上反映了该国的经济与技术水平。船还是人类文明进步的结果。在真正意义上的船出现前，人类利用原始浮具浮水或渡河，这些浮具包括葫芦、皮囊、木筏、竹筏和皮筏等。据考古学家和历史学家研究，在中国，独木舟出现的时间不晚于 8000 年前。根据甲骨文中多次出现"舟"字和与其相关的字，可以推断，在 3000~3500 年前的殷商时代就出现了木板船。

独木舟

在上文中，我们一起认识了几种不同的船型，对船的外形有了初步了解。虽然不同种类的船的外观不同、功能不同，并且适合在不同的水域航行，但是要想使这些船能在水面上顺利前行，只有船板和船舱是不够的，还需要几种工具，我们把它们统称为船的"属具"。接下来要向大家介绍的属具分别是桨、帆、篙和橹，它们都是船的推进工具。

皮筏

春秋时期的独木舟

荡起双桨，推开波浪

浙江省余姚河姆渡文化遗址是我国重要的文化遗址之一。考古学家在这个遗址进行考古挖掘工作，发现了一些建筑遗迹，挖掘出了石斧和石凿等生产工具，还发现了几根长度大约 1 米的木制品。经过研究，考古学家一致认为，这些木制品是早期的木桨，一共有 6 支，仔细观察保存得最好的一支，能看出上面刻有线纹，而且做工比较精细。他们推断，这些木桨是工艺比较成熟的，而原始木桨的出现应该早于这些木桨，甚至有可能出现于大约 8000 年前。

随着考古工作的进行，考古学家还在江浙一带滨海地区发现了 4700 年前的新石器时代末期舟船上的木桨。据研究文献记载，西汉时期的木船上已经配备了桨。到了晋代，出现了"车船"，就是在船的外侧安装像轮子一样的推进工具，这实际是对桨的发展。

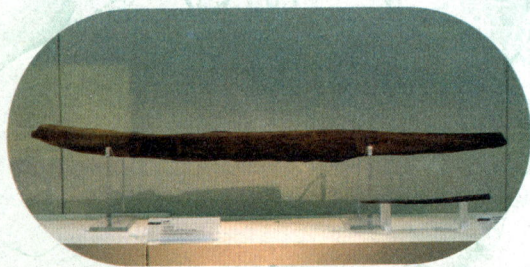

新石器时代的木桨

桨是最原始的船舶推进工具之一。舟产生之后，才出现了桨。有一种说法是，最早的桨是人的双手，人们抱着树干或乘坐独木舟过河时，用手划动水，使前进的速度加快。桨由桨叶和桨柄组成。桨叶是扁的板状，桨柄一般是圆杆。

有一首歌这样唱道："让我们荡起双桨，小船儿推开波浪。"如果不借助于桨或其他推进工具，船在水面上只能"随波逐流"，利用桨可以控

"划龙舟"比赛

制船前进的方向、速度。

每逢端午节，我国很多地区都开展"划龙舟"比赛，赛场上，十几乃至几十支"龙舟"队伍破浪前行，众多划船手喊着整齐的口号划动船桨，场面十分壮观。

　　划桨是利用水的反作用力推船前进，桨在划动时，每一次的动作其实就是向后划动，然后从水里把桨提出来，再浸入水里并同时再向后划动，这样如此反复。从做功的角度来看，这是间歇做功。有一种比较长的桨，被称为"棹"，棹的操作原理是杠杆原理，如果船上安装了支撑棹的支架，就有了支点，因为棹比较长，力矩较大，桨手可以用比较小的力量划船，而效率比较高。棹是横向布置的，前后划动，利用对水产生的反作用力推着船向前进。

巧借风力助航行

长风破浪会有时，直挂云帆济沧海。（李白《行路难》）

孤帆远影碧空尽，唯见长江天际流。（李白《黄鹤楼送孟浩然之广陵》）

上面的两个句子都选自我们耳熟能详的唐诗，不仅十分具有文学象征意味，还形象地描述了帆对于船只航行的作用。

黄昏海上帆船

风帆是推动船舶前进的推进工具。与桨、篙、橹不同的是，风帆的动力是自然风力，利用自然风的好处在于，可以解放人力、提高行船效率，使船可以行驶得更远。利用自然风力以后，船的体积大小也发生了变化，大型船只逐渐诞生了。这在船舶发展史上具有重要的意义。

帆

埃及的帆比中国的帆出现的时间早。古埃及出现风帆的年代可以推溯至前3100年。关于中国何时出现帆，学术界有三个推论：一是殷商时期，二是汉代，三是战国时期。一部分中国学者认为中国的风帆产生于战国时期。14世纪时，出现了用帆布和席子制作、用吊杆加固的复合风帆。最早的帆属于单帆，也就是一艘船上有一面帆，用一根桅杆悬挂。汉代时的船比较长，而且需要装载很多重物，所以开始使用多桅多帆，这可谓一项重大进步，帆数量的增加意味着帆总面积的增加、受力面积的增加，这样就增大了对船的推进力，并且提高了航行速度。将帆挂在不同高度的桅杆上，能便于根据具体情况随时调整，还能降低船的重心，保证船的稳定性。还有一些帆是用植物叶子做成的，古代时称为"篷"，这种帆又厚又硬，能够利用侧向风力。硬帆就好比飞鸟的翅膀，或是飞机的机翼，当风力与帆之间有一个较小的角度时，帆会产生很大的力并与风的方向垂直，这个升力在船前进方向的分力就是对船的推进力，这是中国风帆的特点，也是与西方船只的软帆最大的区别。"扬帆远航"这个词形象地说明了中国的帆船在起航时必须扬帆，因为硬帆的材料比较重，扬帆时需要很多人合作，经常需要使用绞车。但硬帆的一个重要优点就是落帆很容易，尤其是遇到

平衡纵帆

突然刮起的狂风，迅速落帆可以保证船的安全。

另外，汉代的人们还注意到，多个帆会影响航行效果，需要随时调节帆的位置和帆角，并且根据风力大小调节帆的面积。"见风使舵"这个成语其实本来是航海术语，说明舵必须与帆相互配合使用。帆与舵两者相得益彰，有力地推动了中国的航海业发展。

中国科学技术馆华夏之光展厅里的展品"福船"上的帆是平衡纵帆，这是东汉时期出现的一种帆型，是中国的独创。它在桅前后面积的比例不同，使风的压力中心转移到桅的后面，并且离桅杆很近，所以帆转动起来比较省力。这种帆的出现和使用标志着中国木帆船的逆风航行能力已经成熟。

英国著名学者李约瑟在《中国科学技术史》中给予了中国船帆很高的评价，他认为"在人类利用风力推进船舶的各项首要成就中，中国的平衡式梯形斜帆是名列前茅的"。

你可以试着列举出其他与帆有关的成语或诗句，体会帆的作用或其中蕴含的物理原理。

撑篙行船

　　篙是用长竹竿或木杆等材料制作的，下端经常安装铁箍来保护篙头。有一些篙头还安装铁尖或铁钩。篙制作简单，使用方便，特别适用于浅水河道和近岸航行的船舶。一艘船通常由两个人分别持两支篙轮流撑。篙的原理是作用力与反作用力。汉代的船上已经安装了"踏板"，也就是舷伸甲板，能够使撑篙人在上面走动。如果船很小，那么一双篙就够用了，如果是大船，就需要好几双篙。

撑篙行船

高效航行靠摇橹

橹最晚在汉代时出现，可以连续摇动，从功的角度来说，是连续做功，所以橹对船起作用的结果是连续推进了船的前行。橹的效率很高，从流体力学角度分析，橹产生的推进力，是水对滑动的橹板的升力。橹的发明使人可以操纵船舶掉头。现代的螺旋桨推进器的原理与橹的原理一致。今天，在我国江南地区及一些偏远地区，橹仍然在发挥它的作用。在技术创新方面，橹由橹板、橹柄及连接二者的"二壮"构成，摇橹时利用水对橹板的升力推动船前进，而不是利用水的反作用力。橹纵向布置，左右摇动橹柄，橹板在水里滑动的角度比较小，所以很省力，但是能产生较大的升力来推动船的前进。调节橹与船中线面的角度，可以操纵和控制航向。我们在上文中提到的广船，它的船身两侧就搭载着摇橹。

橹是连续做功的高效推进器，具有突破性。它是中国对世界造船技术的重大贡献之一。

橹

什么是"功"

　　功，也叫"机械功"，是物理学中表示力对物体作用的空间的累积物理量，功是标量，其大小等于力与其作用点位移的标积，国际单位制单位为"焦耳"。"功"一词最初是法国数学家古斯塔夫·科里奥利创造的。如果一个力作用在物体上，物体在这个力的方向上移动了一段距离，力学里就说这个力做了功。

　　做功分为连续做功和间歇做功。

　　间歇做功是内燃机的基本特点之一。

　　牛顿第一定律（惯性定律）：任何一个物体在不受外力或受平衡力的作用时，总是保持静止状态或匀速直线运动状态，直到有作用在它上面的外力迫使它改变这种状态为止。牛顿第二定律（加速度定律）：物体的加速度跟物体所受的合外力成正比，跟物体的质量成反比，加速度的方向跟合外力的方向相同。牛顿第三定律：两个物体之间的作用力和反作用力，在同一直线上，大小相等，方向相反。

戴天心 / 文

稳定船只的
系泊工具——铁锚

船只停泊靠船锚

　　船有航行，也有停泊。如果要划船，可以用桨，用橹，如果想利用自然风，帆就是绝好的帮手，那么，如果需要使船停泊在固定的地方，有什么工具或方法吗？为了使船只停泊得更稳定，古人发明了碇，碇后来发展成了锚。

由"碇"到"锚"

　　锚与船可以说是几乎同时出现的。《天工开物》中就有相关的记载。在独木舟和舟船活动的初期，人们把船系在岸边的树干或树桩上或系在岸边的大石头上。在铁锚出现之前，古人用石块系泊船只，利用石

木船上的船锚

块自身的重量固定船只，称为"垂舟石"，又叫作"碇"。"碇"这个字既表明它是用石头做的，又说明它的作用是使船定住。浙江省余姚河姆渡遗址出土了新石器时代晚期的石碇，直径约 50 厘米，用专门编织的网兜装着。东汉时期，人们发明了木石结合的碇，并且沿用了很长时间，也根据航行的需要而一直在改进。元代时出现了铁碇。明代之后，铁碇发展为四个爪，等到出现了"锚"这个字以后，就称为"铁锚"了。据资料介绍，《康熙字典》对锚的解释是"船上铁猫曰锚"，可以推测，锚是由猫字演变而来的。

锚对船只负载有影响吗

一艘船上锚的数量经常与船的负载有关。例如，一艘运粮船上至少有 5~6 个锚。其中最大的称为"看家锚"，重 250 千克左右。船只在航行时，如果遇到逆风无法前进，而又不能立刻靠岸停泊的话，就必须赶紧将锚抛下，沉到水底，并把系锚的缆索系在将军柱上。锚爪一接触到泥沙，就能陷进泥里。开船时再用绞车绞缆把锚提起来。

如果你在中国科学技术馆华夏之光展厅体验"福船"这件展品，你一定会发现，福船的锚是铁制的，并且有四个爪。这种

四爪船锚

四爪锚是中国独创的系泊工具。它的优点是沉入水底后必定有两个爪同时抓泥，这样就提高了船停泊时的稳定性。日本将这种锚称为"唐人锚"，也就是中国人发明的锚。后来，锚的技术很快流传到西方。

广州博物馆现在有一件藏品，是明代的四爪锚，反映了明代船舶制造业的高水平。

锚到过美洲吗

你知道吗，石锚还被认为是"中国人最先到达美洲的物证"。1976 年的一则新闻报道称，人们在美国加利福尼亚州某个半岛的浅海中发现了两起石锚，其中一起是中间有孔的、大而圆的石头，有的学者认为它有 2000~3000 年的历史，是"中国人最先到达美洲"的证据。经考古鉴定，这些石锚确实是产自亚洲的。不管怎么说，中国人发明的石锚和铁锚的确影响了世界。

戴天心 / 文

造船技术的 巨大进步——水密隔舱

东晋 "孙恩、卢循之乱"

东晋末年，由于统治者的腐败统治，浙江东部的百姓常年被赋役所累，终于，他们承受不了统治者的残酷剥削，揭竿起义。有两位农民起义领袖孙恩和卢循先后在海岛起兵，孙恩带领手下迅速取得了阶段性胜利，但统治者派重兵讨伐，多次战斗后大破孙恩和卢循的部队。史称"孙恩、卢循之乱"。"孙恩、卢循之乱"持续了12年之久，波及长江中下游及以南的广大地区，战争多为水战，孙恩、卢循部队两次航海南下，客观上对舟船技术的进步产生了巨大的推动作用。在孙恩、卢循部队的战舰中，有9艘名为"八槽舰"的战舰。每艘战舰共有4层，高12丈。经现代船舶学家复原后的八槽舰，总长29.4米，水线长24米，宽5.6米，深2.5米，吃水1.8米。八槽舰是在中国乃至世界见于记载的最早运用水密隔舱技术的船舶，对世界造船史产生了深远的影响。

水密隔舱技术广泛使用的强有力证明

继八槽舰之后，现代船舶学家、历史学家找到了证明"水密隔舱"技术广泛使用的证据。1960 年在江苏扬州施桥镇发现的唐代木船和 1973 年在江苏如皋出土的唐代木船都使用了这项技术，这两艘古船也是目前考古学界发现的最早使用这项技术的实物。

江苏如皋唐代木船复原模型

唐代水师中有一种能够全天候作战的新型战舰——海鹘船，现代船舶学家曾根据历史记载对唐代海鹘船进行复原。将唐代尺度与今天米数换算可知，复原后的海鹘船长 30.7 米，宽 9 米，型深 4.3 米，分为 10 个水密隔舱。这些证据都有力地证明了水密隔舱技术的存在和发展。

《武经总要》中的海鹘船

经考证，古沉船"南海一号"是一艘长 30.4 米，宽 9.8 米，不算桅杆高约 4 米的大型商船，其排水量估计可达 600 吨，载重约 800 吨。这艘商船有 12 道船体隔舱板，这说明这艘古船已经使用了能够有效提高安全性能的水密隔舱技术。

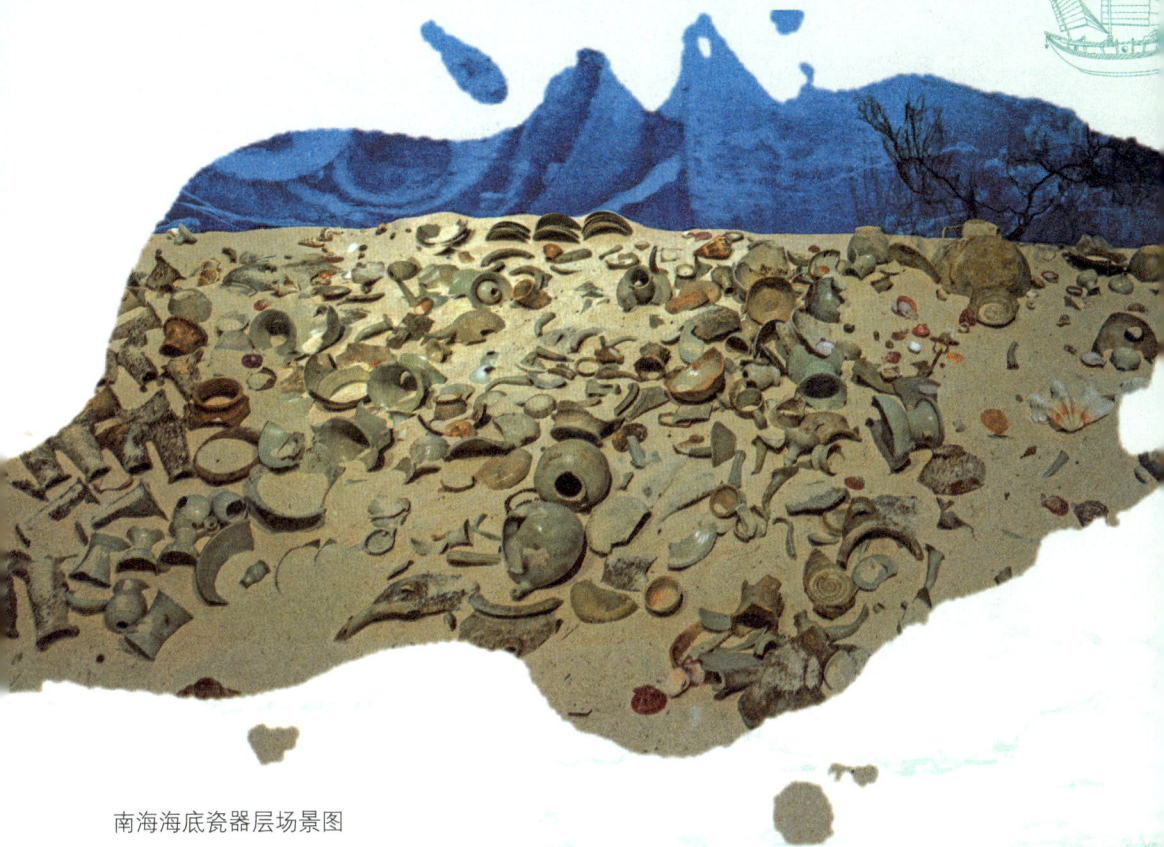

南海海底瓷器层场景图

　　1979 年，人们在宁波东门口遗址发现了一艘长 15.5 米，甲板宽 5 米，型深 1.75 米的古海船，这是一艘北宋时期建造的尖头、尖底、方尾的外海船，船的整个龙骨用松木打造，首柱采用杉木，在第一号舱壁交接处的狭小空间里填充了麻丝和桐油灰来确保水密，这也是水密隔舱技术应用的有力证据。

　　1984 年出土的蓬莱元代战船被 13 道舱壁分隔成 14 个船舱，舱壁板厚 16 厘米，用锥属木制成，需要特别指出的是，相邻板列间所用的连接技术跟宋代相比有很大提高。宋代船舶一般只采用简单的对接，而在蓬莱元代战船上，人们发现相邻板列上凿有错列的相同尺寸的 4 个榫孔，这就说明这里采用了一种凹凸凿对接。这种精细的构造不仅有利于舱壁形状的保持，增强船体的刚性，还能保证水密性，提高船舶的安全性。

郑和宝船

郑和船队中郑和所乘坐的宝船采用的福船船型，也是应用了水密隔舱技术，就是用隔舱板把船舱分隔成许多互不相通的舱室。这样做的目的在于增加每个小的舱体的密闭性，保证船只的抗沉性。除此之外，水密隔舱的隔舱板，还可起到增强船体结构和全船整体刚性的作用。

影响世界的水密隔舱

水密隔舱技术

水密隔舱技术是由中国人发明创造的。篆书"舟"字，从字形上就可以直观看出，"舟"是由纵向和横向的笔画组合成的。"舟"字的横线像不像将船分成数个小舱体的挡板？

篆书"舟"字

我们口中所说的水密隔舱，其实就是将舰船的舱体用挡板分隔成许多小的舱体，并且用不透水的油密封起来。这种水密隔舱到底能够承受多大的水压，还是要根据舰船的类型和舱室用途来定。整个水密隔舱的目标

是保证舰船的抗沉性，也就是说当外壳破损或部分舱室进水时，舰船仍能漂浮在水上。一般情况下，小型船可以分成数个水密舱室，而大型船可以分隔成十几个舱室。水密隔舱技术有三点重要作用：第一点，

福船的水密隔舱（中国科学技术馆馆内展品）

即使某一舱室因触礁破洞而淹水，短时间内海水也不会波及旁边舱室，这样就可以保证船舶不会沉没；第二点，船壳板、甲板有众多隔舱作为支撑，增加了船体的刚度和强度；第三点，隔舱为船体提供了坚固的横向结构，使桅杆得以与船体紧密连接，这也为后来古人发明多桅多帆技术奠定了基础。

舱壁密封技术

捻缝技术

捻缝技术就是在钉牢船舶的主体时，用捻料将木材之间的缝隙填塞，以防渗漏水。中国盛产桐油，形成了独特的捻料、捻缝技术。捻料、捻缝技术在中国应用很早，早在2000多年前这种特殊的工艺就可能已经应用在船舶建造上了。捻料配方成分有麻丝、石灰、桐油或竹丝。不同地区的捻料成分也有差别。捻缝的材料要性状柔软，当船航行在海里时，由于受到来自四面八方的水的作用力，木板之间的缝隙会有轻微变化，只有捻料具有一定的软度才能随着缝隙的变化而变形，始终起到密封作用。我们来

想象一下，如果捻缝的材料是水泥做的，捻缝技术是否能起到它应有的作用？答案可想而知，这样做是不可以的，因为水泥是硬的，不能随着木板缝隙的变化而变形，不能贴合船缝，就起不到水密的作用。只有柔韧、附着力强、延展性好的材料，才能顺应水的力。捻料的柔韧程度也取决于木材的特性，软木船体所使用的捻料较软，硬木船体的捻料比较硬。这种完美的调配经历了多年的实践和改进，最终形成了各种最适宜各地木船的捻料配方。船舶使用到一定时候，须维修保养，再用到一定时间才报废。因此，捻缝技术不但应用于新船建造，也应用于修理旧船。

流水孔的设置和作用

人们第一次见到舱壁最低处的流水孔是在1974年挖掘的宋代泉州湾海船上。这艘船被12道水密舱壁分成13个货舱，每道水密舱壁的最低点有一个开口。这种在舱壁最低处开的一个孔，有时开的两个孔，被称为"流水孔"。只要用木塞堵上那个方孔，隔舱就是完全水密的。这个流水孔的作用是什么？这个小小的流水孔是用来在清洗舱体时排除积水的。如果不在舱壁上开这样的小孔，就必须耗费大量的时间来排除积水，而开了流水孔之后，只要将船舶稍微向船尾倾斜，全船的积水就会流向尾端的舱，这样只需在尾舱排除积水就行了，大大减轻了水手的洗舱工作。

水密隔舱技术向西方的传播

水密隔舱技术不仅改变了中国，还影响了世界。13世纪，意大利旅行家马可·波罗来到中国，看到中国的船舶已经广泛使用这项技术，惊叹不已，还专门将他在中国的所见所闻写到了《马可·波罗游记》当中："若

干最大船舶有内舱至十三所，互以厚板隔之，其用在防海险，如船体触礁或触饿鲸而海水渗入之事。其事常见……至是水由破处浸入，流入船舱，水手发现船身破处，立将浸水舱中之货物徙于邻舱，盖诸舱之壁嵌隔甚坚，水不能透，然后修理破处，复将徙出货物运回舱中。"

1444 年，尼科罗·德·康蒂也曾在他的著作《旅行》一书中写到这些做法。在这部书中，他说："这些船有好几个船舱。这样，如果其中一个船舱破裂，其他的船舱不受影响，船可以继续航行，并完成航行任务。"但是欧洲的造船者和水手非常保守，水密隔舱在传到西方约 500 年之后才开始被采用。

在欧洲，最先设计船舶水密分舱的是英国海军总工程师塞缪尔·本瑟姆爵士。他是英国海军大臣，肩负设计大型军舰的使命，后来他主持设计并建造了六艘具有一种新型结构的航海轮船，这些新型轮船都使用了分隔船舱的方法来加固船的结构，并有效地防止船沉没。

安　娜／文

操纵和控制航向的
重要工具——舵

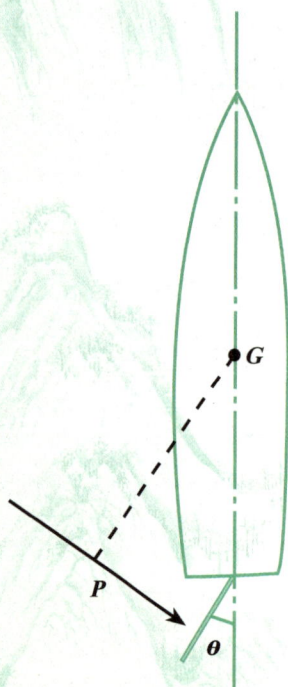

舵的受力示意图

"见风使舵"这个词的意思是看风向转动舵柄。比喻看势头或看别人的眼色行事，根据形势的变化而改变方向或态度，也可以说是人处事圆滑，现在多含贬义。其实，"见风使舵"这个词是地地道道的航海术语。

舵是不划水的，但是当船舶航行的时候，船尾处所产生的水流会在舵面上形成水压，也就是舵压，由于舵压的作用，船舶就会改变航行的方向。舵压虽然很小，但是因为它跟船的重心距离比较大，所以使船转动的力矩就比较大，根据杠杆原理，它推动船舶转动的功效就很大，即使是满载的大船也能通过改变船舵的方向来转换航向。

如舵的受力示意图所示，前进中的船，舵向左转动，形成一个角 θ，舵面上受到水流的压力 P，P 跟船的重心 G 就形成了一个力矩，这样就可以把船尾推向右方，船头也就相应转向左方了。

中国船舶设计的重要技术

由桨分化而来的舵

舵是船舶重要的操纵工具，具有控制航向的重要作用。舵的发展过程极为缓慢。在刚开始的时候，船只比较小，一般是利用篙、桨来直接控制船只的航行方向，只要改变篙撑船的方向或改变桨划水的方向就可以改变船的行进方向，这是很容易做到的一件事，这也说明篙和桨既可以作为船的推进工具也可以作为控制方向的工具。但是后来，随着人类探索世界的范围越来越大，到达的水域越来越多，船只也越来越大，篙逐渐离开了历史舞台，桨的数量大大增加，需要很多人来划，这时桨作为推进工具和控制方向工具变得难操作了，所以桨的功能开始分化，一种专门负责划行，另一种负责掌控方向。这种负责掌控方向的桨被称为舵桨——舵的前身，它是改变船舶航向的工具。

舵的问世

中国古船中出现船尾舵大约是在汉代。1955 年，在广州近郊东汉墓出土的陶船明器，船尾就有舵。舵面呈现不规则的四方形，面积比较大。舵

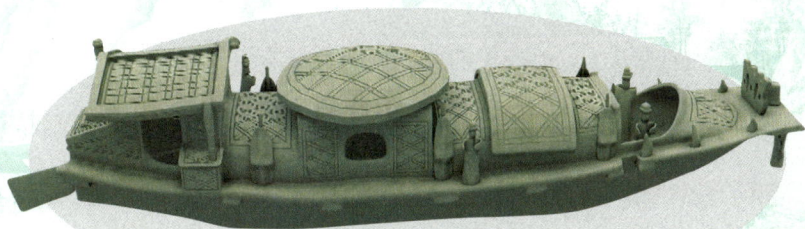

东汉墓陶船复原模型

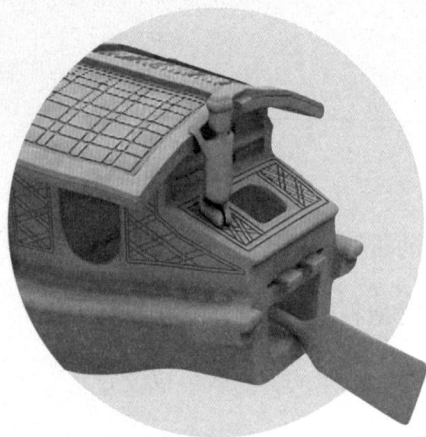

东汉墓陶船复原模型——船尾舵

杆用十字状结构固定，上端有孔洞，可能是用来安装舵把的。舵面下端也有孔洞，可能是船靠岸后用来悬挂船舵的。在四川出土的一方汉画像石上，也有船尾舵的明确图像。这些都说明船尾舵的应用在汉代已经逐渐普及了。东汉陶船采用的舵是拖舵，此种船型延续到了唐代。到了唐代，开始使用垂直转轴舵。西方晚于中国 1000 年才使用船尾舵。西方利用设于左右舷的操纵桨改变船的航向。当船舶以大角度左右摇摆时，设于两舷的操纵桨效能将降低。

舵的改进

在唐代画家郑虔的画作中，我们可以看到小船尾部有一个垂直向的转轴舵。

郑虔画作（局部）

到了宋代，还出现了更为先进的平衡舵。1978 年在天津市静海区出土的宋代古船上就发现了这样一种平衡舵。舵叶呈三角形，底边长 3.9 米，高为 1.14 米，舵叶总面积为 2.223 米^2。静海宋船的平衡舵，是目前世界上发现得最早的平衡舵。西方最

早发现的埃尔宾城徽中的船尾舵，出现在 1242 年，比中国的舵的发明与出现晚了将近 1000 年。

元代海船中对平衡舵进行了改进，菏泽出土的元代船舶带有悬式平衡舵，它的舵叶形状有点像三角形加四边形，舵杆之前是一个三角形，舵杆之后是一个四

船尾舵

边形。舵杆前和后都有舵叶，说明这艘海船已经应用了悬式平衡舵。出土于山东省梁山县的明初的梁山河船也采用的是悬式平衡舵，这是自宋代以来就盛行的样式，在甲板上用舵柄操控，比较快捷有效。平衡舵的这项重要技术即使在今天的船舶设计中仍然不失其意义。

在舵的发展历史上，身为中国三大船型之一的广船也贡献了自己的力量，为了减缓摇摆，广船采用了在中线面处设深过龙骨的中央插板的方法，此插板也有抗横漂的作用。为了舵的敏捷，广船的舵叶上开有许多菱形的开孔，也称"开孔舵"。

既省力又灵活的舵

转轴舵

船尾垂直向转轴舵的好处是所占的空间小，舵叶能受到保护。后来随着技术进步，在舵的上方装个横向转轴，用绳索或链条可以提升或降

下舵叶。在深水区降下舵叶可以提高舵效，在浅水区提起舵叶使舵叶受到保护。

平衡舵

《清明上河图》中的平衡舵

早期的船舵，舵杆只固定在舵面的一侧，舵杆与舵面的重心之间有一定距离，转动时力矩比较大，不仅费力，而且缺乏灵活性。宋代以后，中国人发明了平衡舵，将舵杆固定在舵面重心所在的垂直线上，这样做可以极大地缩短舵压力中心与舵轴的距离，也就减少了转舵力矩，转动时的灵活度也大大提高了。同时，人们还把舵面做成扁阔形状，增大了舵面的面积，这样就能够提高舵控制航向的能力。

开孔舵

中国古代人还发明了开孔舵，其实就是在舵面上打上许多小孔，这样，不但转舵时省力，而且由于水的表面张力的作用，舵的性能不受影响。

提升机械的重大发明——绞车

12世纪，日本画师描绘了日本遣唐使吉备真备入唐的情景，是为《吉备大臣入唐绘卷》。在这幅画中，不但可以清晰地看到船尾舵，还可以发现绞车的痕迹，这也是中国古代造船技术的重大发明。在北宋重要的军事著作中也提到了这个重大发明。绞车实际上就是辘轳的演变，把辘轳的横杆加长后用来提升重物。绞车是船舶上的重要工具，可以用来升降帆，也可以用来进行起锚和抛锚作业。

船上控制尾舵的绞车

手摇式辘轳

航海探险事业的大功臣

我国是最早发明舵的国家。舵的发明和使用，是我国在造船和航海技术方面取得的重大成就，大大地促进了航海事业的发展。

大约 10 世纪，阿拉伯地区的人们开始使用舵，欧洲直到 12 世纪末 13 世纪初才开始使用。李约瑟用比较的方法对中外古代用舵的历史进行了研究，认为"中国的发明，在 10 世纪末以前已经被引进阿拉伯文化区域"，欧洲使用的舵可能是在 12 世纪十字军第二次远征的时候引进的。

舵在欧洲的引进和使用，为 15 世纪的大航海创造了条件。欧洲 15 世纪的航海探险事业，如果不使用舵，是很难进行的。有欧洲的学者在研究航海探险事业和西班牙所取得的成功的时候，提出：船尾舵在世界航海历史上扮演了重要角色。由于船尾舵的出现，人们可以将船舶的中线方向跟风的方向之间保持一个固定的方位角，所以在阴天里仍旧可以稳定地保持航向，舵使远洋航行成为可能。

特别值得指出的是，宋代我国所使用的平衡舵，直至 18 世纪末 19 世纪初，欧洲人才开始使用，而且平衡舵的采用，直到现在也仍是船舶设计中降低转舵力矩的一个最普遍、最有效的方法。

安　娜／文

先进的中国古代航海导航技术

戴天心 安 娜／文

观测星星的
导航工具——牵星板

北极星和北斗七星运转的秘密

"一闪一闪亮晶晶，满天都是小星星。"晴朗的夜晚，在北半球的天空中，我们很容易找到北极星和北斗七星。北斗星其实不是一颗星，而是由七颗恒星组成的。中国古人为七颗星分别取了名字，第一颗是"天枢"，第二颗是"天璇"，第三颗叫作"天玑"，第四颗是"天权"，第五颗名叫"玉衡"，第六颗是"开阳"，第七颗是"瑶光"。如果将第一颗至第七颗依次连线，构成的形状就像一个长柄的勺子，如果把第一颗到第四颗按顺序连起来，形状就像中国古代的一种用于舀酒的器具——斗，又因为它位于北天，所以人们称它为"北斗"。将天枢、天璇相连成直线朝斗口方向延伸大约 5 倍距离，在这个位置会发现一颗特别明亮的星星，它就是北极星。国际天文学上将北斗七星划归到大熊星座，七颗星分别被命名为大熊座 α、β、γ、δ、ε、ζ、η 星。其中，α、β 星也就是中国所说的天枢星、天璇星，这两颗星相连指向北极星，因而称"指极星"。北斗七星斗柄绕北极星顺时针旋转一周，为地球绕太阳运转一周，即四季交替一周期。

北斗七星

　　中国是世界上最早进行天文观测和天文研究的国家之一。中国古人很早就认识到了北斗七星运转的规律，并发现斗柄的指向可以帮人们确定一年四季与南北方位。你知道吗，夜空中闪烁的星星居然还能为航行在海面上的船只导航！比如我们前面提到的北极星和北斗七星，就是古人航海时的重要定向和定位依据。因为直接用肉眼观测星星会有很大误差，所以人们又发明了观测工具，"牵星板"就是其中的一种。下面我们就来了解一下牵星板和它在中国古代航海史上的作用。

日月星辰助定位

在航海技术中，最重要、最核心的就是导航技术。海员需要通过测量求出船在海图上的某个位置，并据此确定这个位置到目的地之间的航行路线。在古代，世界上的导航术大致分为地文导航和天文导航两大类。地文导航利用地面上的和海面上的各种物体和标记，例如海水、海底泥沙、陆地、飞鸟、风、声音和气味等及其特征来辅助对船进行定位。天文导航通过识别日月星辰等天体来判断船的位置。这两种导航方法各有优劣，在我国航海史上都发挥了重要作用。

在广袤的海面上，船员能看到的除了一望无际的海面，就是天空，几乎看不见陆地。所以，不能以陆地为参照物。要想把握船只所在的位置，必须找到可靠的参照物。既然脚下是海水，陆地在远方，聪明的古人就将目光投向了天空，利用能看见的天体——日月星辰作为参照物，帮助确定船的位置，这就是"天文定位"的产生。最晚到前2世纪的西汉时期，我国人民就开始利用天文知识进行导航了。人们观测天体的高度，也就是天体视线与水平线的夹角。尽管地球在自转、在围绕太阳公转，其他的天体也在自己的轨道上运转，但对于地面上某一个固定地点而言，在每年的同一时间，某个天体的位置和高度是相对不变的。为了更好地利用气候条件，郑和的船队总是在冬季出航，夏季返航，因此时间大致相同，这样他们就可以在相对固定的时间到达相同的地点，这也是他们利用天文观测为船队导航的重要前提。

航海史的新篇章

牵星术大约出现在元明时期，是用一种叫作"牵星板"的简易工具对天体进行观测的方法。它的原理是通过观测星辰的仰角来确定海船航行时处于哪条纬线上。"牵星术"这个名字，既形象生动，又富有

牵星板观星示意图

科学美感。既可以理解为天上的星星牵引着海上的船和人向前行进，也可以想象成聪明的中国古代人"牵着"星星在海上航行并且随时用星星来导航。制造牵星板的材料是乌木，一副牵星板有 12 块正方形木板，厚度基本一致，面积由小到大，最小的边长 2 厘米，其余每块的边长依次增加大约 2 厘米，最大的一块边长是 24 厘米。另外有一个象牙制成的小方块，大约 6 厘米长，四角刻有缺口。牵星板的单位叫作"指"，从小到大分别是一指、二指，直到十二指，一指大致相当于现在的一度半。观测时，选用适当的牵星板，在板中心穿一根绳索，一手拿着板的中心，另一手牵着绳索放在眼睛正前方，顺着绳索望去，使板的下边缘与海平面对齐，上边缘与要观测的星星对齐。此时所用的板的指数，就是所测天体的高度，如果不合适，就换一块板，最后再用象牙板来校正误差。知道了天体高度，还可以反推船只所在的

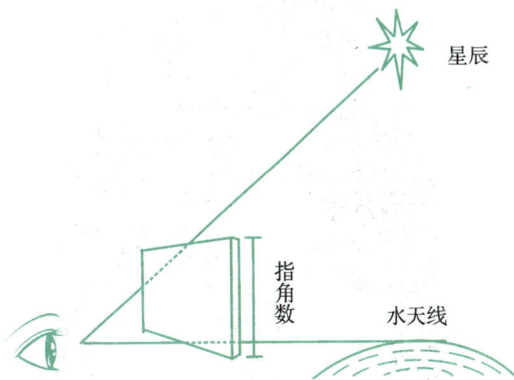

牵星板

位置，继而估算出航船与目的地之间的距离，再利用航海图上标明的航向，就基本完成了天文定位。此外，浑天仪也与牵星板互为补充使用。

后来，科学家利用现代的科学技术对当时测出的数据进行研究、换算，发现郑和船队的测量结果与用现代方法测得的结果，相差只有4~5海里，

浑天仪

误差非常小，可以看出明代我国的天文定位技术是多么的先进。牵星术是中国古代航海天文技术中的重要成就之一，在古代航海事业中发挥了重要作用。

由于当时人类尚未发明天文望远镜，为了便于在夜晚观测，郑和船队特意选择了比较明亮的天体，比如北极星（小熊座 α 星）、北斗星（大熊座 α 星、β 星）、华盖星（小熊座 β 星、γ 星）、织女星（天琴座 α 星）等。我国古人对北极星的认识比较早，唐代开元年间测量陆地疆界时，就已准确定出北极星的高度与南北里程之间的关系。随后不久用于海上定位。古人得出的经验是，如果北极星逐渐升高，表明船是在向北行，反之船则往南走。中国古人对北极星的认识和利用也影响了外国人，元代

马可·波罗乘坐中国造的船舶返回欧洲，他在游记中多次记载了在不同地点观察到的北极星的不同高度。观测时段也有讲究，一般是在每天日出前和日落后的 12 分钟之内，在这两个时间段内，既能看到星体，又能清楚地看到水天线，观测效果基本

牵星板

不受影响。但是利用牵星板观测天体也有它的局限性，在阴天、雨天的时候，看不到星星，就不能使用牵星板进行观测了。

这种将星座位置与船在海上位置相对应的"天—海定位"航海术在长期的航海实践中不断完善，尤其是唐代以来开辟了贯通亚非两洲的远洋航线，我国的天文航海技术又经过了长期的洲际航海实践，已经从定向观测发展到定量观测——测量天体距离水天线的高度，这也归功于唐代人民在陆地测量技术方面的成就，以及宋代人们将指南针应用于航海。郑和船队还吸收了阿拉伯航海技术的优秀成果，使中国航海技术体系更完备。

宋代以前，我国的航海天文学还处于定性阶段，即通过观察日月升降以及北斗七星、北极星的位置判定航向。"过洋牵星术"和牵星板的发明与利用，使航海天文进入了定量导航时期。从此，人们既可以运用指南针来判断方向，又可以通过"过洋牵星术"来测定纬度，两种工具同时使用，确定船舶在海洋中的位置。航海史从此翻开了新的一页。

不只是中国人，阿拉伯人也善于利用牵星术进行导航，以至于有历史学家认为是阿拉伯人发明了牵星板和牵星术，也有很多专家则认为，有可能是阿拉伯人学习并接受了中国的技术。

戴天心 / 文

指南针、罗盘与地磁导航

　　说起指南针，可谓无人不知，无人不晓，它是世界公认的中国古代四大发明之一，在历史上占有重要地位。你知道古代人是如何发明指南针的吗？在指南针发明以前，古人又是利用什么工具来判断方向的呢？

大自然中的天然"指南针"

　　一天，在科学课上，老师向求知班的同学们提出了这样一个问题："人们外出的时候能够利用哪些工具为自己指路？"同学们纷纷给出了自己的回答。小智说："我家里的小汽车上有 GPS 导航仪。"小敏说："手机里也有导航软件。"小真说："如果去山上露营，可以带上指南针。"老师又启发大家思考："在古代人发明指南针之前，或者没有带指南针的情况下，人们可以用自然界的哪些物体来帮助我们判断方向呢？"小仁说："我知道，太阳是东升西落的，从太阳的位置能知道哪边是东，哪边是西。"小灿补充说："如果是在晴朗的晚上，可以利用北极星。"小洁说："大树

信鸽

的年轮也可以指示方向的。"小君说："冬天下过雪的地方，积雪化得慢的地方一般是在北边，化得快的在南边。"

就像同学们说的那样，大自然中有很多天然的"指南针"，比如太阳、北极星、树。其实，很多动物也是"自带GPS"的导航专家，像大黄蜂、鲸和信鸽等，它们都是利用地球磁场来导航的，而且方向非常准确。

那么，指南针是谁发明的，它为什么能指南呢？接下来，让我们一起来了解指南针的起源和发展，它在历史上曾经发挥过什么作用，还有它蕴含的科学原理。

全天候航行如何得以实现

科学家和历史学家经过研究发现，世界上最早发现天然磁石并学会利用磁性的是中国人。

现在让我们乘坐想象中的时光机，回到宋代，去拜访一位叫沈括的科学家。他多年以来

指南针与航海

认真研究科学和技术，写了一本叫《梦溪笔谈》的书，并在这本书中明确地指出，指南针是风水先生用磁石摩擦铁针，使铁针磁化而制成的。这是一种关于指南针诞生的说法。

其实，就像其他的技术或某些工具一样，被公认为是中国古代四大发明之一的指南针，

沈括雕像

也经历了一系列的演化和进步。有一种说法是，在前4世纪的一本奇书——《鬼谷子》中，首次记载了我国最早的利用物质磁性制成的指向工具——司南。它的原理是将天然的磁石打磨成勺子的形状，放在一个刻有八卦、天干、地支及二十八星宿的盘子上，利用磁石的指南作用来辨别方向。但是，司南的缺陷十分明显，只要稍微受到震动，磁勺就会移动而失去磁性，所以长期以来一直只能在静止的条件下使用。

后来，中国的能工巧匠又发明了一种叫作"指南鱼"的指向工具。指南鱼是人工制造的磁铁，可以在车、船上使用。北宋的曾公亮在《武经总要》中记载："晋朝时，人们把薄铁片剪成鱼的形状，放在炭火中烧得通红，再拿出来，把鱼的尾部放入水里，让鱼尾指向正北方向，并且稍微向下倾斜，铁片取出之后就被磁化了，也就有了指向性。"鱼尾倾斜是为了增大磁化的程度。

指南鱼（中国科学技术馆馆内展品）

南宋时流行一种"指南龟"，是将天然磁石安放在木刻的龟身体内部。指南龟可以说是旱罗盘的前身。如果把磁针和方位盘结合起来，就能做成一个罗盘，它能

指南龟

满足人们测定方位的需要。南宋时，人们还发明了更先进的水浮式磁罗盘——针盘，它是由一根水浮针和一个圆形方位盘组合而成的。到了元代，出现了一种更简单的方法，将磁针穿在灯芯草等可以漂浮在水面上的物体上，放在盛水的碗里，这种碗被称为"针碗"。

旱罗盘

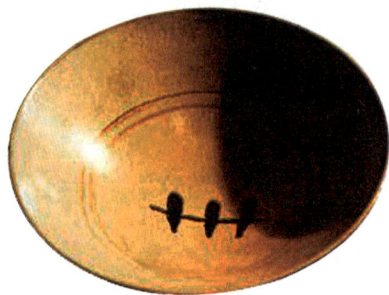

针碗

指南针被制造出来了，下一个问题是把它放在什么容器里，让它既能被妥善保存，又便于用来观测方向。沈括在《梦溪笔谈》中详细介绍了安置指南针的四种方法，分别是水浮法、碗唇法、指爪法和缕悬法。

水浮法指南针（中国科学技术馆馆内展品）

水浮法就是将磁针横着穿过一截灯芯草，放置在水面上，但是水的张力会影响磁针的转动。碗唇法就是把磁针架在碗沿上。指爪法则是把磁针架在指甲上。缕悬法是用细丝系着磁针并悬挂起来，在没有风的地方使用。

1985年，考古学家在我国江西省的一个古墓中发现了两个"张仙人瓷俑"，每个俑的右手都拿着一个罗盘，考古学家经过研究，断定这是旱罗盘，利用了枢轴式装针法来将指南针安装在上面。

缕悬法指南针

经过长期的不断改进、总结和完善，指南针终于成型并很快就被应用于航海事业，并显示出了它的优越性和重要性。1119年，朱彧在《萍洲可谈》中明确记载了指南针的使用。这也是使用指南针为海船导航最早的记载。指南针最大的优点在于，无论在阴天、晴天、白天或黑夜都可以使用，不受时间的影响，这样，人类获得了全天候航行的能力。

明代，指南针的使用更精确，并且进入了定量导航阶段。人类历史上首次最大规模的航海活动——郑和下西洋，就利用了指南针。它与天文导航工具互为补充，为船队指明了正确的方向，最终到达目的地。依靠牵星板、指南针、航海图这些在当时非常先进、发达的导航工具，郑和航队劈波斩浪，

指南针展台（中国科学技术馆馆内展台）

克服了许多可预料或不可预料的艰难困苦，排除了许多自然与非自然的障碍，七次下西洋成功。

寻根丰富多样的导航工具

被中香炉

罗盘发明以后，中国的指南技术传播到了西方。大约在南宋中期，我国的指南针传入阿拉伯地区，阿拉伯地区的人们很快就学会了用指南针来导航。指南针又从阿拉伯传到欧洲的一些国家。欧洲最早的关于指南针导航的记载，出现在英国人亚历山大·尼卡姆在1195年撰写的《论自然界的性质》一书中。

被中香炉

后来，欧洲人为了能更好地用指南针指示方向，将磁针与一个支点固定起来，并让磁针在支点上旋转，这样的指南针就与我们今天见到的样子非常接近了。指南针和罗盘传入欧洲以后，欧洲人研究出两项新发明：万向支架的常平架和新型磁罗盘。其实，中国人早在汉晋时期就懂得万向支架的制造技术和原理，并造出了"被中香炉"。欧洲人还给罗盘增加了防磁设备，也就是"液体磁罗经"。

现在，随着科学技术的飞速发展，指南针家族不断壮大，诞生了具备指南针功能的智能手机，电子指南针，六五式、八零式、九七式军用指南

针，地质罗盘，全球定位系统（GPS），还有我国自主研发的北斗卫星导航系统等种类繁多、作用各异的导航工具，寻根溯源，中国古代科学家和发明家功不可没。

西方旱罗盘（中国科学技术馆馆内展品）

不可不谈的磁偏角

说到指南针就不能不提及磁偏角。地球有地理意义上的南极和北极，还有磁南极和磁北极。磁偏角产生的根本原因是，地理南北两极和磁南北两极是不同的。沈括在研究人工磁化的过程中发现了磁偏角。通过观察和实验，他发现，磁针有指南的，也有指北的，而且，指南的磁针的指向总是微微偏向东方。可以说，沈括是在书中记载"磁偏角"的第一人。1492年，哥伦布到达"新大陆"时也发现了磁偏角，比沈括晚了400多年。而直到1600年左右，英国人吉尔伯特才提出比较系统的原始的地磁偏角理论。

哥伦布雕像

我们生活的地球就是一个大磁体，它本身在附近的空间产生磁场，称为"地磁场"。地磁南极对应着地理北极，地磁北极对应着地理南极。但是地球的磁极与地理的南北极并不完全重合，而是存在一个"地磁偏角"。这个磁偏角并不是固定不变的，而是随着地点变化而变化的。船舶或飞机航行时，人们必须知道当时、当地的磁偏角数值，才能确定地理方位和航行路线。

万物皆有磁性

现代的科学家已经向我们证明了这样一个事实，那就是：就像所有物体都具有质量一样，任何物质都有磁性，不同的物质磁性强弱不同。我们

极光

常见的磁铁有马蹄形的，也有长条形的。磁铁磁性最强的部分叫作"磁极"。磁极之间的作用是通过一种场进行的，称为"磁场"。如果把一个小磁针放在磁场中的任意一点，当小磁针静止时，它的北极指的方向就是这个点的磁场方向。

随着自然科学的不断发展进步，人们认识到，地磁场会导致一些自然现象的产生，其中，最美丽也最广为人知的就是极光。地球的磁场能一直延伸到太空中，如果碰到来自太阳的高能带电粒子，就会在空中产生绚丽的色彩，这就是极光。人们通常能在北极和南极地区看到极光。此外，如果没有地磁场，来自太阳的辐射就会改变地球大气的组成，使地球上的水蒸气蒸发，因此，地磁场还是地球的"保护者"。如果地磁场受到太阳的电磁辐射的剧烈影响，会干扰无线电通信。磁场的原理还应用在生活的方方面面，我们比较熟悉的有电视机、电磁铁、电话机、日光灯、磁带、磁悬浮列车、核磁共振成像技术……还有用于科学研究的质谱仪、回旋加速器等。

指南针就像海船的眼睛，为船只在茫茫大海上的航行指明了方向。15世纪末，西方人开启了"大航海时代"，间接促进了世界的相互联系、相互影响，使世界有可能成为一个整体。中国古代科学家、劳动人民对航海文明的发展立下了汗马功劳。指南针和磁偏角的发现促进了近代航海事业的大发展，加强了世界各国之间的大规模经济贸易和文化交

航海罗盘

71

流，推动了近代文明的飞速进步。指南针的发明和应用，与人工磁化法、地磁偏角的发现，都是古代中国对人类的伟大贡献。在中国科学技术馆"华夏之光"展厅，你会看到不同种类的指南针和罗盘的模型，并通过多媒体视频资料来进一步了解它们。

戴天心／文

智慧与经验的结晶——海道针经

海道针经的孕育

海道针经的发现和发展离不开指南针的发现和发展。我国最早的指向工具叫作"司南"，它的工作原理是利用磁石的指南作用来辨别方向。后来，中国发明家又发明了一种叫作"指南鱼"的指向工具，对司南的功能加以改进。指南鱼是人工制造的磁铁，可以在车、船上使用。

司南

人工磁化方法的记载、指南针的使用、水浮式磁罗盘——针盘的出现、人类全天候航行的能力，这些都为海道针经的出现奠定了基础。

代代相传的针经与航海图

自从指南针在航海中应用以后，很快就成为最主要的导航仪器，受到了航海者的格外重视。人们在船上设置了专门放置罗盘的地方，叫作"针房"，而且挑选了经验丰富的人来掌管，一般的人是不允许进入针房的，可见指南针对航海者的重要性。进行航海活动，还必须具有相应的航海知识。譬如，必须了解航行经过之地及停泊之地的海洋深度、海底地质、暗礁、沉船、海岸形状、山和岛顶的海拔高度、港湾的避风安全度，以及水质、海流、潮汐流向和速度、海上气候变化规律等，其中海洋地貌最为重要。这些知识，是人们航海经验长期积累的结果，大部分都通过口头讲述世代传授下来，并在各代不断加以丰富。有的也通过文字、图表等物质载体流传下来，成为各种各样的航海手册。所以人们把航线称作"针路"，并且根据它来绘制航海图或写成详细记述针路的专用书，叫作"针经"，也通常被叫作"针谱"。

在航海图和针经的针路记录中，人们把罗盘的360度分成24等份，相隔15度是一向，叫"正针"，也叫"单针"，两正针夹缝之间也是一向，叫作"缝针"，因此罗盘实际上有48个方位。针经一般都要记明某地开船、航向、航程、船行目的地等详细内容，有的记得更清楚的还涉及各种危险物，比如说暗礁、水草和岩石等。

两宋时期航海事业空前发达，在我国宋代就有针路的记载和航海图的绘制。如在北宋末期徐兢的《宣和奉使高丽图经》中就有明确的关于航海图的文字记载，表明当时就已经绘制了航海图，可惜这本书已经失

传了，现存的针路著作和航海图都是明代以后的，著名的有《郑和航海图》《两种海道针经》等。这些针路和航海图，详细地记录了东北亚、东南亚、印度洋直到东北非的航线，反映了在明初我国的航海技术仍处在世界领先的地位。直到16世纪初，葡萄牙人在东南亚航行的时候，仍旧使用我国的针路。

所谓航海图就是航海时所使用的地图，古人在航海探险的过程中积累了丰富的经验，同时也留下了丰富的遗产，航海技术和造船技术在宋代发展迅速，同时航海图的绘制也有飞跃性的发展。《宣和奉使高丽图经》由徐兢等人出访高丽归来写成，书中记载了途经的洲、岛、屿、礁，是中国第一张航海图，可以视为原始的海道图。《海道指南图》是《海道经》中所附的一幅图，简单地描绘了东海、黄海、渤海沿岸的山丘名称、地名等。它是中国最早的专用性古航海图。《郑和航海图》是一套成系列的航海图册集，也是一套能详尽展现当时亚非地貌的珍贵史料。《明代东西洋航海图》是世界上至今为止发现的最早的全景式古代航海总图，现藏于英国牛津大学鲍德林图书馆。

充满智慧的其他航海技术

测程和测深方法

在茫茫大海中航行，除了利用指南针确定航向和方位以外，还需要了解航速、航程以及航线上的海水深浅，才能保证航行安全。在三国时期，我国就发明了测量航程的方法，就是让一个人从船头向海中扔一块木块，同时从船头向船尾快跑，看这个人跟木块是否同时到达船尾，以此来测量航速，然后根据航行的时间测算航程。

在测量海水深度方面，我国唐代就已经有这方面的研究。测深的设备有两种，一种是"下钩"测深，一种是"以绳结铁"测深。测深所用的设备不但可以测量水的深浅，而且可以用来测知海底的情况，以确定船舶所处的地方是否可以停泊，也可以辨别船舶已经行驶到什么地方了。在看不到岛屿的情况下，可以将铅锤系在长绳上，在铅锤上涂牛油后坠入海底，粘起海底的沙子，通过泥沙的颜色，就可以判断船行驶到什么地方了。

铅锤

香漏和沙漏计时

现代沙漏

在对航速的测量中，时间的测算是把一天一夜分成十更，用点燃线香的支数来计算的，所以这种计时方法也叫"香漏"。明清时期也有用沙漏来计时的，郑和船队就采用了这样的方法，就是在船上设置一个酒壶型的漏筒，装满细沙，沙就会从筒眼中漏出，直到完全漏空。把它作为一个计量单位，漏完一筒沙称为"一更"，每更可行驶 30 千米左右。这两种计时方法是最常见的船上计时方法。

磁偏角的大发现

在茫茫的大海中航行，把握航向必须要借助于罗盘。但是睿智的郑和却告诫船员，千万不能全信罗盘，船队有时需要稍稍偏离指针所指的方向航行，才能到达目的地。这是为什么呢？其中的原因，正是哥伦布等西方航海家后来所知的磁偏角现象。

早在唐代，堪舆家马和就发现了磁偏角的存在，成为世界上发现磁偏角的第一人。北宋年间，杨维德在《茔原总录》中对磁偏角现象进行了记载。最为著名的是沈括在《梦溪笔谈》中对磁偏角进行的详细描述，领先西方400多年。

磁偏角会随着地理位置的不同而发生变化。在我国除了新疆和南沙群岛中较南端的几个岛外，大部分地区指南针所指的北极位于实际地理意义上正北极方向的西侧。此外，随着时间的流逝，磁偏角也会发生变化，但是这个变化非常缓慢，需要以万年以上的时间计算。

安　娜/文

中国古代重大
海事活动

戴天心 安 娜／文

彪炳千古的郑和下西洋

蹈海酬志，云帆万里过重洋。彪炳史册，义无反顾踏征程。

不辱使命，大国使节美名扬。光耀后世，一片丹心照西洋。

才能与人品兼备的郑和

千百年来，海洋以其浩瀚无际、神秘莫测吸引着无数航海家和冒险家争相航渡。15 世纪，航海家辈出，被誉为人类的"大航海时代"。1405—1433 年，时为中国的明代，有一位中国人奉永乐皇帝朱棣之命，组织、率领当时世界上最庞大的船队，七下西洋，最远抵达阿拉伯半岛及东非海岸，航迹遍历亚、非 30 多个国家和地区，完成了人类历史上首次最大规模的航海历程，促进了中国与周边各国的友好往来，传播了中华文明和科学技术，并且推动了亚非地区的经济贸易与文化交流。这个人就是郑和。

郑和，生于洪武四年（1371 年），云南人，本名叫马和。他的父亲、祖父等亲人曾不远万里去朝圣，非常富有冒险精神，这种精神也流淌在他的血液里。

朱棣画像

1381 年，明朝军队进攻云南，年仅 10 岁的马和被明军掠走，在军队中度过了一段艰苦的时光。马和 14 岁时，成了燕王朱棣府里的一名小太监。朱棣具有出众的军事才能，而且知人善任，他还推行了一个特殊的教育政策，就是派官员为自己王府里的宦官授课，这实为历代罕见。年少的马和从中受益匪浅，后来在靖难之役中，对燕王起到重要的帮助作用。

永乐二年（1404 年），出于对马和屡立战功的嘉奖，明成祖赐予他"郑"姓，他从此由"马和"更名为"郑和"。明成祖赏识郑和的才能，而且信任他的人品，于永乐三年正式任命郑和为正使太监，将率领船队出使西洋的使命赋予他。1405—1433 年，郑和忠心不二地贯彻明成祖和明宣宗的外交方针，前后七次远涉重洋，竭尽全力以事君王，直至将生命献给这项事业。

当时，中国以南海为界，把通往各国的海路划分为东洋和西洋。郑和七次航海路线都是西洋航线，到达的国家也大多是西洋国家。所以历史上将这一重大事件称为"郑和下西洋"。

强盛国力的有力展现

郑和下西洋的主要目的，大致可以分为政治、外交目的与文化、贸易目的两种。郑和下西洋的活动，不仅宣扬了国家之间的和睦相处，也提高了明王朝的威望和国际地位。可以说，郑和的庞大船队是明朝国力强盛的一种体现和缩影，船队所到之处，许多国家和地区的统治者纷纷向明朝示好，要求同中国发展友好关系。明成祖登基后，极力想要消灭残余势力和

郑和下西洋主题浮雕

隐患，巩固自己的皇位和政权，继而通过改善外交关系和发展对外关系来显示自己的"存在感"。派出郑和及船队出使西洋这一举措，促进了这些目的的实现。

远航成功的充分技术保障

    在科学技术远不如今天这般先进的明代，是什么保证了郑和及船队下西洋的成功呢？首先，郑和接到率领船队出海的旨意之后，就组织人力进行了一系列准备工作：开展海洋调查，观察并记录危险海区的海洋气象、海洋水文及海流变化情况，参考民间航海家的经验，预估各种利于或不利于航海的情况，预防风暴袭击，避开暗礁急流，以保障船队的安全和顺利通航。

海上风暴

调查过海况，接下来是组建船队、调集船只。朝廷向造船厂发出了建造和改造海船的命令。工匠们充分发挥才智，开始设计不同类型的船，除了宝船，还有马船——方便遇到海上敌人时快速进行水战；运输船、粮船——运送粮食和后勤供给物品；水船——运载淡水；战船——防止海盗袭击，执行作战，护航任务。

中国古代造船史也是科技发展的历史，凝结着中华民族的智慧。造船工业的发展、造船工艺的传承，离不开无数造船工匠的辛勤劳作，饱含着他们的汗水和血泪。建造下西洋所需船只的造船厂中，最著名的是南京的龙江船厂和太仓船厂。龙江船厂位于南京龙江关（今下关）附近，东邻秦淮河，西接长江，规模很大，面积将近 50 万米^2。建造超大型船舶主要是为了满足装载海上生活所需物资和海外贸易货物的需要，当时的海外贸易由政府垄断，主要依靠郑和下西洋进行，海运量之大可想而知。这样就非常有必要提高海船的远洋运输能力。明代造船工匠打造巨型海船的技术水平哪怕在今天也是令人难以想象的，代表了中国古代帆船制造的鼎盛时期和当时世界海船制造业发展的最高水平。

海上航行离不开富有技术含量的导航工具，船队还配备了航海图、牵星板和指南针等导航工具，为顺利航行提供了可靠的技术保障。其中，《郑和航海图》在郑和下西洋过程中起到了重要作用。它原名《自宝船厂开船从龙江关出水直抵外国诸番图》，继承了前人的航海图，但范围更广大，地名更丰富，详细标注了针位和航路，还附上 4 幅《过洋牵星图》，是我国古代航海图中水平最高、体系最完备的，是世界上最早的航海图之一，比后来的葡萄牙人航海图早了 100 多年。英国学者李约瑟博士称赞此图"是

一幅真正的航海图"。

值得一提的是，郑和船队实行军事化管理。船上人员各司其职，基本分为航海事务部门，负责航行、修船、观测天文气象；外交贸易部门，负责对外交往、对外贸易、对外联络和翻译；后勤保障部门，负责后勤、财务、文书和医疗；战斗护航部门，负责航行安全，抵御敌人和海盗等。船队配备了当时最先进的武器，比如碗口铳、喷筒、火箭、火炮、弩箭、标枪，还有"赛星飞"——这种武器类似于水雷，是世界上最早的水雷的雏形。强大的海军编队、一流的人才组合、领先世界的舰船及兵器配备、独创的海外远航基地，这些都是郑和及船队顺利出行的必要条件。

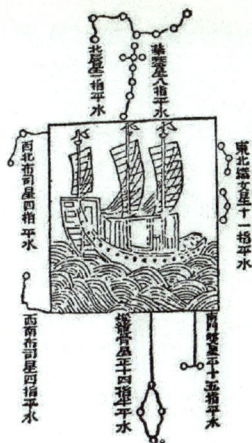

拥有这些在当时可谓是"高科技"的技术和设备，郑和船队可以说是无往不利。在这些技术的保障下，郑和完成了人类历史上首次最大规模的航海活动——人员最多，船只最多，组织最严密，航程最长。船队开创了人类历史上航海设备最齐全、航海技术最先进的航海活动，把世界航海技术的发展推向了一个新高度。

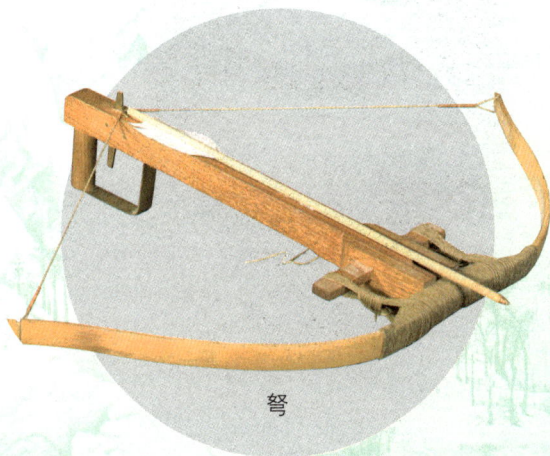

牵星图

弩

航海壮举，开创外交

郑和的创举具有多方面非凡的意义：①开辟了数条横渡印度洋直达非洲的新航路，在各个海域和内海也开出了很多新航线。郑和第四次下西洋，打开了从亚洲通往非洲的航路。②在继承宋元以来天文航海技术成果的基础上，吸收了阿拉伯天文航海技术的优秀成果，并发展为独立体系。③突出贡献是开辟了海上香料之路和海上瓷器之路。郑和下西洋，携带了大量青花瓷瓷器，作为馈赠各国的礼物和贸易产品。随着中国瓷器大量外销，中国的制瓷技术也传播到海外。

郑和下西洋这一事件把海上丝绸之路的运行推向最繁盛的时代，使中国与世界各国的商贸往来更国际化、规模化，开创了中国历史上规模最大的海上外交活动，加强了中国与亚、非各国人民之间的政治、经济及文化交流和友好往来，将中国先进的文化和技术传播到世界各地，同时也丰富了中国人民的地理和航海知识，还维护了亚、非地区的和平稳定，推动了文化交流。一些文物专家认为，郑和下西洋也传播了中国的丝绸文化，是对张骞的"陆上丝绸之路"的极大发展，对人类进步有深远影响。这一持续了28年的大规模海上活动，展示了中华民族不畏艰险、勇往直前的英雄气概和开拓进取、海纳百川的宽广胸怀，为后

明代青花瓷瓷器

人留下了宝贵的精神财富。

郑和下西洋的壮举对中国近代海权、海事的认知曾产生重大的启示，在今天则有助于我们加深认识航海时代，提升国民海权意识，维护国家安全。

在今天，我们还需要辩证地看待郑和下西洋这一事件。虽然郑和下西洋本身具有种种意义，但不同于欧洲一些海洋国家航海事件的持续性、发展性，郑和下西洋可以说是中国古代航海史上独一无二的大事件，而且实属"举全国之力"，耗资不菲，但并没有从本质上提升中国的海上经济实力、军事实力和科技实力，这是由当时的国情、制度和意识等决定的。此外，在今天实施"一带一路"倡议的过程中，我们仍然需要宣扬和平理念，推行和平政策，粉碎别有用心的"中国威胁论"，沿着新时代的"一带一路"传播科学思想、和平思想。

"以和为贵"的航海理念

明宣德六年（1431年），郑和最后一次下西洋，这比哥伦布发现美洲新大陆早约60年，比达·伽马绕过好望角开辟西欧到印度的新航路早约65年，比美洲和马尼拉之间的大帆船贸易早约140年。

将郑和船队的航海活动与哥伦布、麦哲伦等人主导的航海行为进行对比，会发现，它们的最大区别在于，中国秉持"以和为贵"的理念，将明王朝的文化、经济和技术等传入西洋地区，偶有交火，也是出于自卫或帮助当地人民抗击贼寇。而哥伦布、麦哲伦和达·伽马等西方航海家则在所到之处掠夺了大量财富，也屠杀了当地的无辜人民。明朝在全盛时期拥有的海军规模可能超过了同时期的欧洲任何国家的海军，永乐年间，明朝海军拥有3800艘舰船，包括1350艘巡逻船、1350艘战船，此外还有250艘远航宝船，每艘宝船上平均定载人数超过690人。即使拥有如此庞大规模的海军，明王朝也并没有主动挑起海上战争，侵略他国。

但需要注意的是，达·伽马、哥伦布和麦哲伦等人进行的航海活动同样具有其特定的历史意义，这是我们不能否认的，并且在学习过程中应该考虑到他们受航海、行船等技术条件限制而产生的结果。

地利人和造就世界时势

提到中国古代造船业，就不能不说泉州。这个美丽的历史文化名城坐落在我国福建省晋江下游。据历史记载，唐代景云二年（711年），当时的武荣州更名为泉州。泉州依山面海，地处季风区域，盛夏和初秋时东南风多，春天和冬天时西北风比较多。丰富的风力给海上的船舶带来了宝贵的动力。亚热带海洋性季风气候也是泉州得以发展的重要因素。泉州人民素以善于造船而著称，唐代，泉州不仅能够制造大船，而且造船的数量也很多。

唐代造船业的发达使海事活动更频繁。为了防止来往的船只触礁遇险，使之能够安全进港，人们在泉州南部的安海港至围头沿海一带分别建造了卧牛、倒狮、龙吟、虎啸、凤鸣、马嘶和象立等七座石塔，作为船舶进港的航标。虽然这些石塔早已倒在历史长河中，但它们确实反映了唐代"舟

楫之路，莫过于晋南"的重要历史事实。

从地理学角度看，泉州港的水道深邃，海湾曲折，海水终年不冻，船只即使在冬季也可以航行，因此是天然的优良港口。泉州也在东西方海上贸易的日渐繁荣中扮演了重要角色。9世纪中期，阿拉伯的一位地理学家伊本在他的著作《道程和郡国志》中把泉州与广州、扬州和交州并列为"中国的四

泉州古海船

泉州古海船剖面模型

大贸易港"。唐代官府也颁布了相应的诏令来鼓励海外贸易。到了元代初期，泉州开始在军事方面发挥重要作用。元代末年，泉州被誉为"世界最大港之一"。举世闻名的"郑和下西洋"也与泉州有极为密切的关系。郑

和多次来到泉州，祈求航海平安，而且，泉州久负盛名的造船与航海技术是吸引郑和重视的关键。

学术界所公认的"中国近代研究郑和的第一人"，是梁启超。梁启超是中国近代思想家、政治家、教育家、史学家和文学家，戊戌变法（百日维新）领袖之一、中国近代维新派、新法家代表人物，他在流亡日本期间，写了一篇文章——《祖国大航海家郑和传》，文章称郑和是参与创造了世界时势的英雄，是推动东南亚华侨事业贡献最大的人。

在中国科学技术馆"华夏之光"展厅中，有一个区域专门展示与郑和下西洋有关的科技史内容，包括郑和下西洋故事投影、福船模型、航海与导航工具互动展示和中外帆船对比多媒体演示等。观众徜徉其间，可以进一步了解中华民族自古以来在航海与造船领域的光辉成就，对郑和下西洋的意义会有更深的印象和理解。

戴天心 / 文

海上丝绸之路

徐福东渡日本是传说吗

秦国强大，但是秦始皇迷恋于寻求长生不死之术，徐福懂得航海知识并且有航海经历，徐福利用秦始皇想求得长生不死的心理，趁秦始皇东巡到琅琊（今山东胶南）时，谎称海中心有神山仙岛，可以求取长生不死的灵丹妙药，得到秦始皇的支持。前210年，徐福带着3000个童男童女和百名工人，并携带五谷种子，由琅琊乘船东渡，一去不归。

秦代琅琊台刻石

徐福东渡是民间传说，但是这个传说却有很多依据可寻。史籍中没有记载徐福的具体去处，只是说去了"三神山""平原广泽"，后人经过大量研究，普遍认为是去了日本，从而在中日两国文献中都留有徐福东渡日本的故事记载，而且在日本和歌山县新宫市还有"秦徐福之墓"的古迹，在九州等地建有与此有关的徐福寺等古迹，徐福东渡日本似乎证据确凿。

海上丝绸之路的前世今生

两汉时期海上丝绸之路的开辟

丝绸之路浮雕

丝绸之路图

汉武帝时，国力强盛，曾两次派张骞出使西域，将我国的丝绸带到了西方，最远到达地中海东部，开辟了横跨亚欧大陆的陆上丝绸之路，扩大了汉朝的声望和影响。后来，由于陆上交通贸易受到匈奴的阻碍和破坏，汉武帝又开拓了南海对外交通与贸易，从而开辟了海上丝绸之路。《汉书·地理志》中就详细记载了我国对南海的海外交通航线。

魏晋南北朝时期海上丝绸之路的发展

到南朝宋、齐时，有十多个国家同中国来往，那个时期的中国，主要以输出绫、绢和丝等丝织品为主，从南海各国进口珍珠、象牙、玳瑁、翡翠和香料等其他奇物。由于南朝与南海诸国的海上交往更加频繁和活跃，南海海上丝绸之路又有进一步发展，开始越过南

丝织品——朱红菱纹罗（文物）

亚印度半岛，将航路延伸到阿拉伯海与波斯湾，直接沟通了东亚、南亚之间的海上往来。当时陆上丝绸之路受阻，东西方交往主要靠海上丝绸之路来维系。

隋唐五代时期海上丝绸之路的兴盛

隋唐时期，陆上丝绸之路受阻，再加上唐代中期以后，我国的经济重心开始向南方转移。从赖以出口的大宗商品丝绸、瓷器和茶叶等来看，东南地区发展很快。江南经济的发达为海上丝绸之路的兴盛提供了坚实的物质基础。再从唐代造船业的发展来看，自隋炀帝开通大运河以后，隋唐时期水上运输十分发达，造船技术也有很大提高。唐代海上丝绸之路兴盛的另一个重要原因与隋唐时期对海外贸易采取一系列保护、鼓励政策有关。唐代著名地理学家贾耽在贞元年间撰写了《广州通海夷道》，后附载于《新唐书·地理志》之后。它详细地记载了南海航路具体走法，从广州出发，经南洋各地和斯里兰卡及印度洋西岸，到达忽鲁谟斯的乌剌，此为东路航道。从乌剌再向西行，直到非洲东部今坦桑尼亚的达累斯萨拉姆，此为西路航道。这条航线把东亚、东南亚、南亚、波斯湾以及东非等地都连接起来，使洲际间的航行得以开启。它是当时航线最长、航区最广、规模最大的航路。

宋元时期海上丝绸之路的鼎盛

宋元时期，由于统治者坚持对外开放政策，再加上航海技术不断进步、社会经济繁荣，海上丝绸之路空前繁盛。无论是南海航路、与非洲各国间的交往，还是与朝鲜半岛、日本列岛的交流都变得更加频繁。在这一时期，其他国家，比如阿拉伯国家向宋朝输出的产品以香料为主，其中有我们比较熟悉的乳香、龙涎香等，也有象牙和犀牛角等奢侈品，而宋朝主要以出口陶瓷为主，在南海航线上国家的人民以拥有中国的陶瓷为荣耀，尤其是在阿拉伯地区。

阿拉伯香料

除了商贸往来，还有技术的传入和交融，比如我国的造纸术就在唐代的一次战役中，由战俘传到阿拉伯地区，约9世纪末传到埃及，又在大约1100年之后传到摩洛哥，并于1150年后传到西班牙。我国的印刷术是在大约10世纪时传到埃及的。我国的火药发明于唐代，到了宋代就已经正式用于制造火器了，这种火药大约于13世纪传到埃及，埃及人把制造火药所用到的硝石称为"中国雪"。埃及的制糖方法在元代开始影响我国，

这种新的制糖方法可以去除黑渣，大大提高了糖的质量。从宋代开始我国天文仪器的巨型化也受到了埃及的影响，比如紫金山天文台摆设的宋代天文学家郭守敬发明的简仪，也具有巨型化的特点。这一时期形成了许多重大港口，比如镇江港、太仓港、上海港和杭州港等，这一时期也是海上丝绸之路的鼎盛时期。

简仪

明代海上丝绸之路由盛转衰

明代统治者实施朝贡贸易，不许私人贸易的存在，也就是与周围各国进行贸易往来必须先在政治上与明王朝建立藩属关系，在接受明王朝册封之后才可以来华进行朝贡贸易。这样的政策大大地限制了民间自由贸易的

华夏之光
中国古代航海

发展。再加上倭寇屡屡进犯东南沿海地区，明代统治者更是大力加强了海
禁政策。整个明代历时不到 300 年的时间，但是实施海禁政策的时间就长
达 200 年，因此明代海上丝绸之路由盛转衰。

海上丝绸之路连接各国人民

　　海上丝绸之路不仅加强了中西方贸易，更加强了中西方文化的交流，
还促进了中外各国人民的友谊。海上丝绸之路开通后，中国与周边各地各
族人民友好往来日益密切。海上丝绸之路大大促进了中国航海技术的发展，
改变了在不连通状态下各国人民的思想，有效地促进了世界航海技术的发
展。海上丝绸之路把当时中国最先进的工业技术带到了西方，如火药、造
纸术、印刷术，促进了西方工业的发展。

中国古代著名航海家

　　中国古代有很多著名航海家，被世人广为歌颂和敬仰。

第一个抵达地中海的中国人——杜环

　　唐军与大食和石国联军在现在的吉尔吉斯斯坦举行会战，结果唐军被
打败，很多人沦为战俘，杜环就是战俘之一，他被俘后，曾随大食军队西
行，走遍阿拉伯等国，最后到达现在伊拉克的库法，而且在阿拉伯地区
居住了长达 11 年之久。在这 11 年间，杜环又从西亚到达北非的摩洛哥一
带。762 年，杜环搭乘商船出红海，沿印度洋东行回国，到达广州。

东渡高僧——鉴真

鉴真是唐代的高僧，他俗姓淳于，精通佛法，从 26 岁开始就可以讲授戒律。他历尽 11 年磨难，冲破各种阻挠，终于于 753 年东渡日本，并在当地建立了戒坛院。后来，鉴真又带领弟子设计建成了唐招提寺，这座建筑展现了盛唐时期精美的建筑艺术，后来成为日本的国宝。鉴真精通医学，为日本的医学和药物学作出了巨大贡献，被日本民众尊称为"医药界的始祖"。他还为日本带去了中国古代的先进技术，比如制糖法和豆浆制作法。鉴真东渡促进了中日文化和科技的交流。

鉴真像

安　娜/文

97

参考文献

[1] 海道一·客舟 [M]//徐兢.宣和奉使高丽图经:第3卷.北京:商务印书馆,1937.

[2] 昭利庙 [M]//梁克家.淳熙三山志:第8卷.[出版地不详]:[出版者不详],[1182].

[3] 江东道十四·泉州风俗 [M]//乐史.太平寰宇记:第102卷.北京:中华书局,2007.

[4] 武帝纪一 [M]//沈约.宋书:第1卷.北京:中华书局,2018.

[5] 刘义杰.福船源流考 [J].海交史研究,2016(2).

[6] 杨育锥.话说"福船" [J].海峡科学,2016(12).

[7] 佚名.中国古代著名的海船船型:福船 [J].西安交通科技,2015(4).

[8] 金秋鹏.中国古代造船与航海 [M].北京:中国国际广播出版社,2011.

[9] 高宇.论福船船型演变及历史影响 [J].闽西职业技术学院学报,2011(4).